JN441343

청개구리 선생님

국립중앙도서관 출판예정도서목록(CIP)

청개구리 선생님 = Tree frog teacher : 김용우 수필집 / 지은이: 김용우 ; 그림: 나태주. -- 대전 : 지혜, 2015
p. ; cm. -- (지혜사랑 수필집 ; 002)

ISBN 979-11-5728-030-8 03810 : ₩13000

한국 현대 수필[韓國現代隨筆]

814.7-KDC6
895.745-DDC23 CIP2015016093

지혜사랑 수필집 002

청개구리 선생님

김용우 수필집

지혜

"너희들은 지금까지 5년 동안 민철이를 손가락 병신이라고 놀렸잖아. 나도 이제부터 같이 놀릴 거다."

놀란 아이들에게 한마디 더했다.

"색지로 오린 손에서 오른손 검지손가락을 가위로 잘라라. 그동안 민철이 마음이 어땠는지 느껴보자."

진짜 손가락을 자르는 것처럼 느꼈는지 무서워서 못 자르겠다는 아이들이 많았다. 어디선가 흐느낌 소리가 들렸다. 민철이었다. 이내 흐느낌 소리는 여기저기로 번져갔다.

그 흐느낌은 무언의 약속이었다. 더 이상 검지손가락 없는 것으로 민철이 마음을 아프게 하지 않겠다는…….

—「검지손가락」에서

그날 저녁을 준비하는 아내에게 냉이 한 움큼을 내밀며 우영이 칭찬을 잊지 않았다.

"애게, 요걸로 냉잇국을 끓이라구?"

네 식구가 먹기에는 턱없이 부족한 양이지만, 아내는 갖가지 재료를 넣어 냉이된장국을 끓였다. 냉이 몇 뿌리 들어있지 않은 냉잇국. 하지만 내가 먹어본 냉잇국 중에서 냉이향이 가장 진했다.

숟가락 위에 척 걸쳐진 냉이 한 뿌리. 우영이가 숟가락 위에 걸터앉아 흔들흔들 발장난을 치고 있다.

—「숟가락 위에 걸터앉은 우영이」에서

은비의 이야기다.

"달맞이꽃은 달님처럼 노란색으로 펴요. 달이 뜰 때 달을 맞으러 가는 것처럼 피어나서 달맞이꽃 이래요."

용준이의 이야기다.

"끈끈이주걱이라는 풀이 있는데 끈적끈적한 주걱모양의 잎으로 벌레를 잡아서 끈끈이주걱이라는 이름을 갖게 되었어요."

충재의 이야기다.

"나팔꽃은 나팔처럼 소리는 내지 못하지만, 나팔 모양으로 피기 때문에 나팔꽃이라고 한 것 같아요."

이외에도 해바라기, 수수꽃다리, 매발톱꽃 등 꽃의 특성과 이름이 잘 어울리는 이야기들이 속속 이어졌다. 꽃보다 예쁜 아이들이 우리말글의 빼어남을 살려 지은 수많은 꽃들을 교실 한가득 피우고 있다.

—「우리말글 풀꽃 이름」에서

"장례를 치르는데 고 어린 것이 이를 악물고 울음을 참더라구요. 지 애미가 얼마나 보고플꼬."

그 말을 듣는 순간 잠시 멍해졌다. 고개를 숙이고 긴 한숨 깊게 쉬고 할머니를 보았다. 울고 있었다. 가슴이 먹먹했다. 나도 울었다.

'앞으로 수찬이 얼굴이라도 자주 보듬어 주어야겠다.'

—「할머니의 손자 사랑」에서

이틀 후, 경상남도 진주에서 한 농부가 운석으로 보이는 돌을 발견했다. 자신의 파프리카 재배 비닐하우스를 뚫고 떨어진 돌을 신고한 것이다. 극지연구소로 옮겨져 정밀 감식을 받은 결과 운석으로 밝혀졌다. 항간에 10kg쯤 되는 이 운석의 가격이 수십억 원대에 이를 거라는 뒷말이 돈다.

대박! 돈도 돈이지만 우주를 떠돌던 행운이 시골 농부에게 떨어진 것이 더 흥미롭다. 억겁의 시간 동안 광대한 우주를 떠돌던 운석이 우주에서 티끌보다 작은 지구별에 사는 시골 농부를 찾았다. 이 대단한 인연을 어찌 설명할 것인가? 농부는 전생에 어떤 덕을 쌓았길래 우주가 내리는 복을 받았을까?

허접한 값어치를 '똥값'이라고 하는데 '똥값'도 '똥'나름이다.

—「별똥값」에서

마침내 어머니는 창을 내신다. 문고리 옆의 창호지를 도려내고 손바닥만한 유리를 붙인다. 작은 창으로 내다보는 바깥 풍경은 요지경 속을 들여다보는 것처럼 재미나다. 마당에선 누렁이가 털신을 쥐 삼아 잡으며 무용을 뽐내고, 감나무는 수백 개의 빨간 네온등으로 마당을 환히 비춘다.

들국화 꽃누르미를 창호지에 심어 일을 마무리한다. 당신만의 구도와 여백으로! 심은 꽃 위에 도화지만한 창호지를 붙이면 예쁜 꽃밭이 생겼다. 창호지 속에 들국화가 자태를 뽐내는 동안, 장독대의 들국화는 찬서리에 고개를 떨구었다. 창호지 꽃밭은 다음해 들국화가 필 때까지 꽃향기를 풍겼다. 하얀 창호지에 햇살이 내려 앉으면 방바닥에도 그림자 꽃들이 피었다.

—「꽃누르미창」에서

혜원이는 학원을 네 곳이나 다닌다. 학교 옆에 사는 데 걸어서 5분 거리인 집을 6시간이나 걸려서야 간다. 이유는 학구에 있는 학원이란 학원은 죄다 들렀다 가기 때문이다. 하교하면 바로 수학학원, 다음엔 영어학원, 다음엔 미술학원, 다음엔 바이올린학원. 부모님의 퇴근 시간에 맞춰 7시에야 집에 간단다. 집에서도 학원숙제, 논술공부로 편치 않다. 내가 해 줄 수 있는 거라곤 숙제를 안 내주는 것 뿐이다.

바른생활 시간에 가장 좋아하는 일과 싫어하는 일을 발표하는데 혜원이의 발표에 숨이 턱 막혔다.

"친구들과 노는 것이 젤로 좋구요. 학원가는 건 진짜 싫어요."

아이의 엄마는 아이가 노는 꼴을 못 본다. 공부하는 꼴만 봐야 직성이 풀리나 보다.

—「진분수」에서

"골목에서 차를 긁었어. 수리비 걱정에 그냥 왔지. 그런데 아이들 보기도 민망하고 마음이 편치 않아."

"당신은 죄 짓고는 못 살 사람이에요. 돈 걱정은 하지 말고 연락처 써 놓고와요. 그러다 속병 생기겠어요."

아내는 내 마음을 헤아려주고 위로해 주었다. 아내는 연락처 남기고 오면 두부 한모 넣어 김치찌개를 끓이겠다며 농담을 한다. 내 마음을 편하게 해주려는 아내의 배려다. 아내의 충고에 힘을 얻어 일어섰다. 종전까지만 해도 무엇에 쫓기다시피 들어왔던 현관문을 나서는 내 마음은 깃털처럼 가벼웠다.

죄수가 형기를 마치고 감옥 문을 나설 때 이런 기분일까? 씩씩하게 골목길로 걸어 나갔다.

—「양심 찾아 한 시간」에서

하지만 이제 매형은 게를 사 올 수 없고 누이도 게장 솜씨를 뽐내지 못한다. 두 분은 몇 년 전 피서지에서 예기치 못한 사고로 한날한시에 떠났다. 아버지 같은 매형과 엄마 같은 누이는 그렇게 허망하게 갔다.

사대독자 조카 내외와 누이 내외의 장례를 모시고 돌아온 날, 질부가 게장 한 접시를 내어 놓았다.

"삼촌, 게장 드셔 보세요. 어머님이 삼촌 오시면 주신다고 담갔는데……."

질부는 식탁에 게 접시와 눈물을 함께 차려놓았다. 누이가 나 주려고 담근 게장을 보니 누이 생각이 북받쳤다. 짭짤한 게장을 우물거리는데 짠물이 두 볼을 타고 하염없이 흘러내렸다.

누이를 묻고 와 누이를 먹는다.

—「누이를 묻고 와 누이를 먹는다」에서

나는 아버지에 대한 수많은 기억에서 이 기억을 떠올릴 때가 가장 좋다. 술주정에 신세한탄을 하거나 앓아누운 노쇠한 아버지의 기억이 아니다. 아내와 팔남매를 거뜬히 먹여 살리는 힘 있는 가장으로 기억되는 이 장면! 이후로 동네 사람들은 해마다 구정을 앞두고 돼지를 잡을 때마다 뒷다리 하나는 통뼈(아버지 별명)네 꺼라 했다.

—「돼지 뒷다리와 아버지」에서

'壽福'. 어설픈 서각 솜씨지만 어머니의 무병장수를 발원하는 마음으로 새겼다. 오목새김한 곳에 먹물로 색을 입히니 수복이란 글씨가 소원을 발하듯 도드라졌다. 마침내 목침은 매향의식으로 환생하신 미륵처럼 우리 앞에 형체를 드러냈다.

어버이날. 어머니를 찾아뵙고 아이의 손을 통해 목침을 드렸다. 아이가 목침을 만들 때의 일을 무용담처럼 이야기하자 고사리 손으로 험한 일을 어떻게 했냐고 하신다. 흡족한 손으로 목침을 쓸더니 베고 누우셔서 눈을 지그시 감고 작게 뇌인다.

"눈을 감으니 향기가 들리는구나."

눈을 감고 향기에 흠뻑 취하신다. 코로 맡는 것이 아니라 귀로 듣는다고 하신다. 아니 마음으로 느끼고 계신 것일 거다!

—「향나무 목침」에서

꽃도둑. 도둑이지만 재물을 훔친 도둑과는 다르다는 생각이 든다. 꽃의 아름다움을 감상할 줄 아는 도둑! 재물을 훔친 도둑이 험상궂은 얼굴을 한 남자라면 꽃도둑은 예쁜 얼굴을 한 여자일 것만 같다. 마음을 고쳐먹으니 좀 전에 느꼈던 불안감과 분노가 마시멜로처럼 녹았다.

'작약들아, 예쁘장한 얼굴을 한 꽃도둑 집에서 오월마다 찬란한 꽃을 피워주렴? 도둑을 맞은 게 아니라 애인 삼고 싶은 꽃도둑에게 너를 선물했다고 여기마.'

—「꽃도둑」에서

작가의 말

수필을 쓰면서 참으로 많이 웃고 울고 위로를 받았습니다.

「나이 서른아홉에 선 주례」를 쓰고는 김용우 주연 '스물다섯 해 교직생활'이란 영화 한 편을 본 느낌이었습니다.

「누이를 묻고 와 누이를 먹는다」란 글은 온점을 찍었는데, 누이 생각이란 짠물은 두 볼을 타고 온점없이 흘러내렸습니다.

어머니께 드릴 「향나무 목침」을 만들 때는 향나무의 나이테가 내 종아리에 새겨져야 할 회초리 자국처럼 보였습니다.

샛노랑 「피나물꽃」을 보고는 자연의 수려함에 반했고, 「꽃누르미창」은 글로 그림을 그리듯 썼습니다.

「五德君子」가 나에게 농을 겁니다.

"자네가 나를 마시고 영감을 얻어 글을 썼으니 『청개구리 선생님』은 자네 수필집인가, 내 수필집인가?"

「채소는 내가 키우는 것이 아니다」를 쓰며 텃밭에 핀 채소꽃을 좋아하게 되었습니다. 쑥갓꽃이 마가렛 못지않고 호박꽃의 탐스러움이 백합을 앞섭니다. 채소들은 알뿌리 잎줄기 열매를 키워내고도 모자라 꽃을 피웁니다.

제 삶과 수필도 채소꽃을 닮았으면 합니다.

「불도장으로 찍은 이름」을 쓰고 나서는 누군가의 이름을 함부로 허투루 적을 수 없게 되었습니다. 그 사람을 위해 기도하는 심정으로 또박또박 적습니다.

왜냐하면, 내가 적는 그 사람 이름은 그 사람의 인생 전부이기 때문입니다.

용우, 명숙, 우람솔, 우람찬, 영복, 상순, 규환, 영자, 승우, 공자, 미선, 대웅, 우영, 나균…….

그리고 나는, 내 펜 끝에 불려나오는 누군가와 함께 아름다운 소풍을 떠날 것입니다.

2015년 5월

물빛 고운 양수리 사람 김용우

차례

2부 • 가족

3부 • 전원일기

4부 • 막걸리 인생

1부

선생님

뜨개질 손수건

첫 발령을 받고 병아리 교사로 5학년 아이들을 가르치게 된 해의 일이었다. 내 생일날, 아이들이 소박하게 생일상을 차려 축하해 주었다. 생일상이라야 초코파이 케익에 성냥개비 25개 꽂아 불을 끄는 것이 고작이었지만, 어느 뷔페집에서 여는 만찬보다 행복한 생일잔치였다.

종례를 마치고 돌아서려니 미선이가 어설프게 도화지로 포장한 선물을 건네고 갔다. 평소에 지저분하다고 공부 못한다고 친구들에게 따돌림을 받던 아이였다.

미선이의 선물을 뜯어보니 손바닥만하게 뜨개질을 해서 짠 것이었다. 아무리 생각해도 용도를 알 수 없었다.

목도리를 하기엔 너무 작은 그렇다고 벙어리장갑도 아닌 곰곰이 생각을 해봐도 나의 상상력이 미치지 못하는 수수께끼였다.

다음 날 미선이에게 물었다.

"미선아, 네가 어제 준 선물 어디에 쓰는 거야?"

미선이는 머리를 긁적이며 말했다.

"그거요, 손수건이에요."

나는 박장대소했다. 그러다 미선이의 표정을 살피니 얼굴이 홍당무가 되어 있었다. 순간 내가 너무 심했나 하는 생각에 미선이의 손을 꼭 잡고 말했다.

"미선이가 준 손수건, 선생님이 꼭 사용할게."

그때 미선이가 순박하게 지은 미소를 잊을 수가 없다. 미선이가 나에게 주려고 몇 날 며칠을 서툰 뜨개질 솜씨로 짰을 손수건. 한 번도 손수건으로는 사용할 수 없었지만 내 서랍 속에 소중하게 모셔두었다.

'세상에 태어나 가장 의미있는 선물을 받게 해준 미선아! 다소 어색한 선물이었지만 뜨개질 손수건을 볼 때마다 선생님은 네 생각에 행복하단다.

미선이의 앞날에 행복한 웃음만이 이 여름날에 실하게 자신을 채워가는 청포도 송이처럼 알알이 영글길 기도하마.'

청개구리 소동

"어, 청개구리다."

교실 밖 창문을 기어오르는 청개구리를 보러 아이들이 창가로 몰려갔다. 보슬보슬 내리는 보슬비와 어울리는 풍경이다. 보슬비와 청개구리와 아이들.

평화로운 풍경이지만, 십육 년 전 겪은 청개구리에 대한 좋지 않은 기억이 목구멍으로 비릿하게 올라왔다.

삼십 대 초반 철모르는 선생님이었을 때, 꼭 오늘처럼 비오는 날이었다.

쉬는 시간에 장난꾸러기 아이들 몇 명이 비를 흠뻑 맞고 들어왔다. 아이들이 물에 빠진 생쥐 꼴을 한 완구 주위에 몰려들어 소란을 떨었다. 완구가 잡아온 손톱만한 새끼 청개구리를 보기 위해서다. 수업에 방해가 되어 밖에 놓아주고 오라니 한 시간만 관찰하게 해달라고 애원이다. 관찰한다는 교육적인 말에 그러마 하고 허락했다.

초등학교 때 청개구리에 얽힌 이야기보따리를 풀었다.

“선생님이 어렸을 때 아랫집 할아버지는 관절염을 앓아 잘 걷지 못하셨어. 근데 관절염에 특효약이라며 청개구리를 산채로 삼키시는 거야. 아이들이 청개구리를 잡아다 드리면 사탕을 한 움큼씩 주셨어. 우리는 사탕 얻어먹는 재미도 재미였지만, 할아버지가 청개구리를 산채로 꼴깍 삼키는 진풍경을 보려고 청개구리를 잡으러 다녔지. 청개구리가 많이 나오는 비오는 날이 기다려질 정도였어.”

내 말을 들은 아이들은 정말로 청개구리를 산채로 삼켰냐며 못 믿겠다는 눈치였다. 그런데 말꼬리 물고 늘어지기 선수인 완구가 조잘댔다.

“에이, 거짓말. 거짓말이죠. 청개구리를 어떻게 먹어요.”

“완구야, 내가 왜 거짓말을 하냐. 진짜라니까. 관절염에 청개구리 먹는 게 민간요법이었나 봐.”

그러자 완구는 거짓말, 거짓말하며 아이들 앞에서 나를 거짓말쟁이로 매도하고 또 듣기 싫은 말꼬리를 길게 늘어뜨렸다.

“그럼, 선생님도 먹을 수 있겠네요. 먹어봐요. 먹어봐요. 못 먹죠? 거봐요. 청개구리 먹는 건 뻥이죠?”

한 술 더 떠서 내 앞에 와서 청개구리를 쥔 손을 내밀며 또 떠들어댔다.

“먹어봐요. 먹어봐요. 거 봐요. 못 먹죠. 뻥 맞잖아요.”

완구 녀석이 집요하게 깐족대며 버릇없이 약을 올리는 통에 부아가 치밀었다.

"줘봐. 못 먹긴 왜 못 먹어. 내가 먹으면 어쩔래"

어, 이건 아닌데 뭔가 잘못됐다 싶은 생각이 들려는 찰나! 아차, 늦었다. 청개구리는 이미 내 목구멍으로 꼴깍 넘어갔다.

다음 날 출근하니 수습하지 못할 정도로 일파만파 크게 번진 일이 뱀의 눈을 하고 청개구리가 된 나를 노려보고 있었다.

완구 어머니가 그 일을 상부교육기관 홈페이지 게시판에 투서한 것이다.

선생님이 아이들 앞에서 살아있는 청개구리를 먹는 엽기적인 행동을 했고, 이런 선생님에게 아이를 못 맡기겠다는 내용으로…….

사실 완구 어머니와 나는 사이가 안 좋았다. 유독 완구만 혼내고 미워한다는 이유에서였다. 완구네 가족에게 제대로 걸렸다.

이후 게시판에는 비난의 댓글이 빗발쳤다. 이렇게 몰상식하고 엽기적인 선생이 어떻게 교단에 서 있느냐, 생명존중 교육을 해야 할 선생이 산채로 청개구리를 삼키다니 정신감정을 해라, 스스로 사표를 내든지 상부교육기관에서는 사표를 수리해라, 같은 교사로 부끄러움을 느낀다, 등등.

혹 하나 떼기도 힘든 마당에 각종 언론사의 취재하겠다는 협박성 전화가 학교 전화기를 후끈 달궜다.

되새기고 싶지 않은 기억에 몸서리치는데 창가에 붙은 청개구리가 아이들을 빤히 쳐다보며 이렇게 말하는 것 같았다.

"니네 선생, 예전에 청개구리 산채로 삼키는 엽기적인 선생이었어. 혹시 요즘도 그러니?"

빨간색 부츠

아침 자습시간에 일기를 검사하는데 은지의 일기 한 구절이 내 눈을 붙들었다.

'내가 목표한 2만원을 거의 모았다. 수련이에게 부츠를 선물할 날이 멀지 않았다.'

수련이는 부모님 없이 삼촌네 집에 얹혀사는 아이다. 궁핍한 살림살이로 늘 허름한 옷차림이다. 안쓰러운 마음에 안사람 학교 알뜰장에 나온 옷을 여러 벌 사서 남몰래 준 적이 있다. 하지만, 은지처럼 신발까지는 생각하지 못했다.

아이들이 하교하고 은지와 마주했다.

"수련이는 늘 낡은 신발을 신고 다녀요. 그래서 겨울 부츠를 사주려구요."

"선생님도 그 일에 끼워줘라."

은지에게 2만원을 내밀었다.

드디어 양평 장날. 은지, 수련, 나 셋이서 장을 보러 나섰다. 읍내에서 가장 큰 신발가게에 들러 부츠를 고르기로 했다. 처음엔 어색해 하던 수련이도 차츰 말수가 늘었다.

"수련아, 이 부츠 신어봐."

은지는 신꼭지를 꼬옥 눌러 보고, 신뒤축에 손가락을 넣어보고 맞는지 안 맞는지 능숙하게 확인했다. 그 모습이 꼭 수련이 엄마처럼 보였다. 어린이용 부츠는 모두 신어 보았다고 생각될 무렵, 한 켤레의 부츠가 주인을 만났다. 은지는 수련이에게 돈 계산을 하도록 했다. 역시 은지다운 배려였다. 신발을 사고 남은 돈으로 장날 음식을 사먹으며 우리 셋은 우리반에서 우리만 아는 비밀을 만들었다.

첫눈이 소복이 내리는 날, 수련이는 빨간색 부츠를 신고 하얗게 쌓인 눈을 또박또박 밟으며 등교했다.

검지손가락

새학기에 꼭 하는 체육 수업이 있다. 포크댄스를 추는 것이다. 짝을 바꾸며 손을 잡고 춤을 추다 보면 자연스런 스킨십으로 친해지기 때문이다.

오늘은 아이들이 포크댄스를 추는 모양새가 왠지 어색하다. 남자들이 돌아가며 여자 짝꿍을 바꾸어 춤을 추고 있었다. 그런데 민철이와 짝꿍이 되는 여자 아이들은 손을 내밀지 않았고, 민철이도 손을 잡지 못하고 짝꿍만 바꾸며 돌고 있다. 여자 아이들에게 이유를 물었다.

“민철이 손 잡는 게 겁나요.”

그러고 보니 민철이는 오른손 검지손가락이 없다. 언젠가 물으니 고추 말리는 온풍기에 손가락이 잘렸다고 했다. 그때 민철이가 울먹이며 한 말이 기억난다.

“저는 제 검지손가락이 싫어요. 이것 때문에 아빠는 술만 드시면 엄마를 때렸어요. 저를 잘 못 보았다며……. 엄마는 제 손가락 때문에 집을 나갔어요."

며칠 후, 급식을 먹는데 민철이가 보이지 않아 아이들에게 물었다.

"기춘이가 젓가락질 못하는 병신이라고 놀렸어요. 그래서 밥 먹다 말고 나가 버렸어요."

민철이를 찾으러 나섰다. 학교 앞 구멍가게에 있었다. 나도 밥 먹을 기분이 아니었기에 과자로 끼니를 때웠다. 차근차근 이 문제를 해결해보리라 마음먹으며 간단한 말로 위로했다.

얼마 후 미술 시간, 더 큰 일이 터졌다. '자랑찬 내 손 무엇이든 할 수 있어요'라는 주제의 수업. 색지에 두 손의 본을 떠 오리고 자신의 손으로 어떤 훌륭한 일을 해낼 것인지 써서 발표하는 것이다.

아이들은 가위질 소리만 들릴 정도로 열심이었다. 그런데 갑자기 고요가 깨졌다. 찢어지는 울음소리와 욕설. 민철이가 병준이 손을 연필로 찍어 병준이는 울부짖고, 민철이는 독기 서린 욕을 계속 내뱉고 있었다.

"저 새끼가 손가락 본뜬 종이에서 검지손가락을 가위로 잘랐어요. 없는 손가락을 왜 그렸냐며. 죽여 버리고 싶어요."

아이들을 진정시키고 병준이를 보건실로 데리고 가서 치료했다. 교실로 돌아오는데 생각이 참 많았다. 교실로 들어서며 민철이를 보고 소리쳤다.

"야, 손가락 병신. 한민철."

어떻게 그런 말을 할 수 있냐는 아이들의 항의성 눈빛을 애써 외면했다.

“너희들은 지금까지 5년 동안 민철이를 손가락 병신이라고 놀렸잖아. 나도 이제부터 같이 놀릴 거다.”

놀란 아이들에게 한마디 더했다.

“색지로 오린 손에서 오른손 검지손가락을 가위로 잘라라. 그동안 민철이 마음이 어땠는지 느껴보자.”

진짜 손가락을 자르는 것처럼 느꼈는지 무서워서 못 자르겠다는 아이들이 많았다. 어디선가 흐느낌 소리가 들렸다. 민철이었다. 이내 흐느낌 소리는 여기저기로 번져갔다.

그 흐느낌은 무언의 약속이었다. 더 이상 검지손가락 없는 것으로 민철이 마음을 아프게 하지 않겠다는…….

나도 모르게 머릿속으로 이렇게 중얼거렸다.

‘민철아, 검지손가락 없는 손으로 수많은 훌륭한 일을 해낼 수 있지. 우린, 믿는다.’

똥처럼 살자

도덕과 6-1-1 단원명 : 나의 삶, 나의 일. 수업 주제 : 좌우명

"자신의 좌우명을 정하여 발표하겠습니다."

"선생님, 좌우명이 뭐예요."

"늘 마음에 새기고, 인생의 목표를 이루기 위해 자신을 다잡는 글이지."

"평생을 간직하는 글이니 깊이 생각해서 정하세요."

모두들 좋은 말을 찾느라 열심이다. 명언집을 참고하는 아이도 있고, 지어달라고 떼를 쓰는 아이도 있다.

고심 끝에 정한 좌우명을 발표했다. 거짓말이 잦아 비난을 받는 병훈이는 '거짓말을 하지 말자'란 솔직한 좌우명을 지었다. 책을 많이 읽어 별명이 책벌레인 혜수는 '다섯 수레의 책을 읽자'라고 했다.

얼굴이 유난히 커서 '얼큰이'로 불리는 누리가 말했다.

"제 좌우명은 똥처럼 살자입니다. 예전에 아빠와 함께 지은 거

예요."

말이 끝나기가 무섭게 아이들의 야유가 시작되었다.

"얼큰아, 왠 똥이냐. 냄새나고 더럽게 시리."

아이들의 소란을 잠재우고 뜻풀이를 부탁했다.

"똥은 냄새나고 더러운 것 같지만, 논밭에 거름으로 곡식과 채소를 키워 냅니다. 가장 낮은 자리에서 자기 일을 묵묵히 합니다."

'꿈보다 해몽이 좋다고 했던가?' 우리 모두는 고개를 끄떡였다.

작년 여름에 있었던 일이 떠올랐다. 자전거를 타고 퇴근하는 길, 누리네 집 앞을 지나는데 누리 엄마가 한사코 나를 집으로 잡아끌었다. 누리네는 젖소를 스무 마리나 기른다. 누리는 아빠와 함께 축사에서 소똥을 치우고 있었다. 궂은일을 마다 않는 모습이 기특했다.

선생님 오셨다고 저녁식사를 야외 정자에 준비했다. 하지만, 찌릿하고 쿰쿰한 소똥 냄새와 까맣게 날아드는 파리 떼에 질렸다. 성의를 생각해서 억지로 그릇을 비우느라 식은땀을 흘렸다. 후식으로 나온 사과를 한 쪽만 얼른 집어먹고 바쁘단 핑계를 대고 도망쳐 나왔다.

지금 생각하니 부끄럽다. 나와 같은 사람들 눈엔 똥은 냄새를 풍기는 더러운 것이다. 하지만 누리에게 똥은 자기네 논밭의 흙에 힘을 주고 곡식과 채소를 실하게 키우는 고마운 존재다. 누리는 똥에게서 역겨운 냄새를 상상하는 나와 같은 부류의 사람과는 다르다. 역겨운 냄새를 가진 똥이 식물의 핏줄기를 타고 돌며 상긋한 채소향으로 달콤한 열매향으로 피어오른다는 것을 안다.

가장 천하게 느낀 똥이란 존재가 오늘 새삼 고귀하게 느껴짐은 왜일까?

제자에게서 한 수 배운 날이다.

자격증 없는 치과 의사

슬기로운생활 시간에 장래 희망을 발표하였다.

"해리포터가 되어 마법학교에 다닐 거예요."

순진 덩어리 동연이의 대답이다.

"뻥튀기 아저씨가 될 거예요."

철윤이의 대답이다. 양수리시장 골목에 사는 철윤이는 5일장이 설 때마다 뻥튀기 아저씨의 조수 노릇을 하는 먹성 좋은 아이다.

솔이가 손을 번쩍 들었다. 솔이는 명쾌한 발표로 수업의 물꼬를 터주는 아이다.

"치과 의사가 될 거예요. 그래서 사람들 벌레 먹은 이빨을 고쳐주려구요."

"역시, 솔이에요. 우리 축구 대표팀을 이끄는 박지성 선수같은 어린이입니다."

나는 축구를 잘하는 솔이에게 맞춤형 칭찬을 해주었다.

"병원 차리면 선생님도 갈게요."

솔이는 벌써 치과 의사라도 된 양 손가락으로 V자를 그리며 우쭐댔다.

다음 날 아침시간. 여느 때보다 교실이 소란스러웠다. 아이들이 내 책상 주위에 모여 술렁거렸다. 책상 위에는 은정이가 겁을 잔뜩 집어 먹은 토끼눈을 하고 누워 있었다. 은정이의 머리맡에는 솔이가 앉아 있고, 옆에는 병원놀이 장난감들이 놓여 있었다.

"선생님, 솔이가 은정이 이빨을 뺐어요."

"선생님, 제가 뺀 이빨이에요. 저 치과 의사 같죠?"

솔이는 피 묻은 이빨을 내보이며 자랑스럽게 말했다. 은정이의 입을 벌려보니 뭉개진 잇몸 주위에 핏물이 흥건했다.

'우째 이런 일이. 솔이 녀석에게 또 한 방 먹었구나!'

은정이를 안고 보건실로 갔다. 은정이 잇몸을 찬찬하게 살피던 보건교사가 말했다.

"영구치가 아니라 천만 다행이네요. 선생님은 심심치 않겠어요, 아이들이 재미있는 일을 많이 벌여서."

'재미는 무슨 재미. 남은 아찔한 일이구만. 요즘 학부모들이 어떤데.'

솔이를 혼내 주겠다는 생각을 하며 교실로 돌아와 아이들에게 자초지종을 물었다.

"솔이가 치과 의사라면서 은정이 이빨을 뺐어요."

"은정이는 안 한다고 했는데 솔이가 막 했어요."

'휴! 이 일을 어떻게 해결한담. 수업을 끝내고 은정이네 집에 전화해야지.'

수업이 끝났는데도 바쁜 공문 탓에 그 일을 잠시 잊고 있을 때였다.

휴대폰이 울렸다. 아뿔싸, 은정이 어머니였다. 은정이 어머니는 맹렬 엄마로 소문이 자자했다. 싸움쟁이 승호가 은정이 얼굴에 손톱자국을 낸 적이 있었다. 은정이 어머니는 분을 삭이지 못하고, 하교시간에 교문에서 보초를 서다가 승호를 혼냈고, 그것도 모자랐는지 집에까지 찾아가 승호 엄마와 욕설과 밀어치기로 싸움을 벌인 적도 있었다.

전화를 받는 내 마음은 착잡했다.

"선생님, 오늘 학교에서 은정이가……."

인사할 틈도 없이 들려오는 목소리. 고막을 울릴 날카로운 목소리를 예상하고 전화기를 귀에서 조금 떼려는 순간.

"오늘 많이 놀라셨지요. 솔이가 치과 의사가 장래희망이지만 아직은 자격증이 없으니, 다음에는 이 빼지 말라고 해 주세요."

나는 은정이 어머님이 너무 너무 고마웠다.

'성질대로 안 하셔서…….'

부부교사

여름 밤, 바람을 쐴 겸 정원으로 나섰다. 정원 한 켠에 있는 봉숭아 꽃밭에 반짝반짝 빛나는 물체가 여럿 보였다.

'뭐지. 저 빛을 반사하는 물체는?'

궁금하여 다가갔다. 봉숭아 여러 이파리가 은박지로 싸여 있다.

'안사람이 과학시간에 식물의 잎 광합성 실험하려고 미리 준비해 두었군!'

식물의 잎이 광합성을 해서 녹말을 만들어낸다는 것을 알려주는 실험이다. 은박지에 여러 날 싸여있던 잎은 엽록체가 광합성을 할 수 없다. 그러니 알콜 중탕을 해서 흰색이 된 잎에 아이오딘화 칼륨용액을 묻혀도 색깔 변화가 없다. 아이오딘화 칼륨용액이 녹말을 청람색으로 변화시키기 때문이다.

선생님 아내는 이 밤에 봉숭아 꽃밭 가득 은박지 꽃을 피워놓았다.

'그랬구나! 안사람은 내 아내이자 아이들 엄마이기 전에 자기 반 아이들 공부를 살뜰하게 챙기는 선생님이구나!'

팔자주름 캐리커처

올해 대학생이 된 제자 승훈이가 캔맥주를 사들고 찾아왔다. 초등학교 1학년 때 가르친 제자이니 12년 만의 만남이다.

승훈이는 모전문대학 애니메이션 학과에 다닌단다. 명문대는 아니지만 자기가 하고 싶고 잘하는 걸 하기에 행복하고 자신감 넘치는 표정이다. 초등학교 1학년 때 내가 자기를 '만화가'라고 불러 줄 때가 가장 좋았다고 했다.

아, 초등학교 1학년 승훈이! 타임머신을 타고 열두 해를 거슬러갔다. 승훈이는 딱히 내세울 게 없는 아이였고 공부를 꽤나 못했다. 어느 날 승훈이 어머님이 상담하러 와서 아이가 공부 못하는 것을 걱정하며 어찌해야 하나 물었다. 난, 솔직하게 말씀드려도 되느냐고 양해를 구했다.

"공부는 아닌 것 같아요. 괜하게 성적 올린다고 학원 여러 군데 보내면 아이만 힘들어지고, 부모님도 기대에 못 미치는 아이 때문에 맘만 불편할 것 같아요."

그 말에 승훈이 어머니는 공부를 못하는 건 알지만 이 정도인 줄은 몰랐다며 실망하는 눈치가 역력했다. 아차, 내가 너무 희망을 꺾었나 싶어 화제를 돌렸다.

"승훈이는 공부는 못하지만 만화는 정말 잘 그려요. 이쪽으로 진로를 잡으면 꼭 성공할 겁니다."

이후로 승훈이는 이름난 미술학원에 다니기 시작했고 시도 때도 없이 만화를 그려 실력을 높여갔다. 나는 교실 뒤쪽 미술 작품 전시란에 승훈이만의 만화작품 전시 공간을 마련해 주었다. 승훈이는 하루가 멀다하고 새 창작 만화를 펴냈고 우리반은 모두 승훈이 만화의 애독자가 되었다.

이후로 승훈이의 캐릭터는 '공부 못하는 아이'에서 '만화 잘 그리는 아이'로 바뀌었다.

"선생님 10분만 그대로 계셔 보세요. 제가 캐리커처 한 장 그려드릴게요."

맥주 한 캔 비울 시간에 뚝딱 그려낸 내 캐리커처. 12년 전엔 없었던 팔자주름이 양반탈처럼 호탕하게 웃고 있다.

나이 서른아홉에 선 주례

1990년 봄. 교육대학을 졸업하고 스물다섯에 안산 관산초등학교로 발령을 받았다. 오학년 아이들과 교직 첫사랑 시작! 그 첫사랑 덕에 몇 명은 일 년에 두 세 차례 나를 찾아오는 애제자가 되었다. 코흘리개 아이들이 어느새 자라, 초임 때 내 나이보다 많은 스물여덟이라니? 사회 초년생으로 결혼 적령기가 되었다.

2005년 봄. 제자 성희가 남편될 사람과 주말에 찾아오겠다고 전화를 했다. 성희는 올 봄에 결혼을 한다. 전화로 주례를 서 달라며 여러 번 간곡하게 부탁했는데, 번번이 이런저런 핑계로 거절했다. 이번엔 직접 찾아온다니, 제자의 방문에 반가움보다 걱정이 앞섰다.

내가 승낙을 못하는 이유는 이렇다. 뚜렷한 직함 하나 없는 서른아홉의 평교사가 주례 서는 걸 남들은 어떻게 생각할까? 또 신랑 나이가 서른셋이니 나와는 여섯 살 차이 밖에 나질 않는데, 동년배가 주례를 서는 법도 있나? 신랑신부 측 어르신들이 아직

인생사를 배워야 할 나이에 주례를 서는 나를 건방지게 생각할 수도……. 무엇보다도 난생 처음 많은 하객들 앞에서 주례를 설 용기가 없었다.

주말에 제자가 찾아왔다. 제자는 마다하는 나를 주저앉히고 남편될 사람과 큰 절을 했다. 이 핑계 저 핑계 대기도 하고, 존경받는 지인을 주례사로 소개하겠단 말도, 모두 허사였다. 얘기를 하면 할수록 내가 오히려 애원을 하는 처지가 되었다.

일이 안 풀린다고 생각했는지, 제자는 눈물을 보이며 말했다.

"초등학교 때, 선생님 아니었으면 지금의 저는 없을 거예요. 나이나 직함이 무슨 문제예요. 선생님이면 돼요. 그냥 선생님."

제자의 눈물을 보자, '까짓것 해보지 뭐!' 어디서 용기가 났는지 덜컥 허락을 하고 말았다. 제자는 허락을 받자마자 굳히기에 들어가는 술상을 봐왔다. 술 한 잔 걸치면 만사 오케이인 내 성격을 간파한 모양이다. 우리는 거실에 퍼드러질 때까지 취했다.

다음 날 아침, 제자를 보내고 나니 더 심난해졌다. 이를 어쩌나?

술이 깨고 제정신이 들어서 제자에게 전화를 했다. 초등학교 때는 약속 잘 지키라고 말씀하시고선 선생님이 약속을 어긴다고 혼쫄(?)만 났다. 이미 엎질러진 물이니 어쩌겠는가.

곧바로 준비에 들어갔다. 주말에 십일 년 전 우리 부부가 식을 올린 예식장을 찾았다. 다른 주례사들은 어떻게 주례를 서나 엿볼 참으로? 알지도 못하는 사람들 결혼식에 세 차례나 하객으로 참석하여 주례사의 예식 집전을 꼼꼼하게 살폈다.

십여 가지나 되는 집전 순서를 머릿속에 넣는 것도 일이다. 화촉점화, 신랑입장, 신부입장, 혼인서약, 성혼선언 등. 멋진 주례사를 쓰고 싶은 욕심에 인터넷 검색을 하고, 주례사에 관계된 책을 사서 읽은 뒤에야 주례사를 쓸 수 있었다. 수십 번 읽어서 외웠다.

이제 실전연습이다. 우리반 아이들과 결혼식 연극놀이를 했다. 아이들의 역할을 정했다. 신랑, 신부, 신랑 부모님, 신부 부모님, 사회자, 하객 등. 주례는 당연히 나다.

사회를 맡은 준이의 개식사로 결혼식 연극은 시작된다.

"지금부터 임윤혁 군과 김성희 양의 결혼식을 시작하겠습니다. 양가 어머님의 화촉 점화가……."

주례 선생님을 소개하겠습니다.

"주례 선생님은 신부의 초등학교 오학년 때 담임선생님으로 신부가 존경하는…….

연극은 회를 거듭할수록 진짜 결혼식처럼 짜임새가 생겼다. 하도 많이 했더니 아이들도 자기들 결혼할 때 하나도 어렵지 않겠다고 한다. 이쯤에서 연습을 접었다.

주례 서는 날 아침, 나이 들어 보이게 몸치장을 했다. 주례 설 때 입으려고 사둔 양복을 입었다. 내 마음에 들지 않는 장년에나 어울릴 디자인과 색깔이다. 조금 더 나이 들어 보인다. 동네 단골 미용실을 찾았다. 최대한 나이 들어 보이게 머리 손질을 부탁했다. 앞머리에 약간의 흰색 염색을 하고, 내 얼굴에 어울리지 않는 2:8 가르마를 탔더니, 아주 쪼끔 더 나이 들어 보인다.

드디어 2005년 4월 24일 일요일 12시 30분. 제자의 결혼식이 시작되었다. 혼인서약을 읽고, 성혼선언을 하고, 좌중을 여유 있게 둘러보며 주례사를 줄줄 외워 나갔다. 젊은 초보 주례사의 당찬 목소리가 식장에 쩌렁쩌렁 울려 퍼졌다.

결혼을 축하드립니다. 온갖 꽃들이 축제를 열고 있는 날, 꽃보다 아름다운 한 쌍의 연인이 혼인의 예를 올리고 있습니다.

삶에서 가장 가슴 벅찬 환희의 순간은 세 가지라고 생각합니다. 신랑 신부는 이미 두 가지를 경험했습니다. 부모님의 몸을 빌어 생명으로 태어난 때와 오늘처럼 부부의 연을 맺는 순간입니다. 앞으로는 새 생명을 잉태하여 낳을 것입니다.

결혼생활은 사계절과 같습니다. 씨를 뿌리는 봄, 틔워진 싹이

자라는 여름, 열매를 맺는 가을, 풍성한 결실을 곳간에 들이는 겨울. 작은 땅을 준비하고 씨를 뿌리겠다고 손잡은 신랑 신부에게 씨오쟁이 속에 아껴둔 종자씨를 건네듯 축복을 드립니다.

2006년 봄. 제자 부부가 돌바기 아기를 안고 둘이 셋이 되어 찾아왔다.

2012년 봄. 제자 부부가 다시 찾았다. 올 봄에 아이가 초등학교에 입학을 한단다. 아이에게 엄마, 아빠의 주례 선생님이라고 나를 소개했다. 엄마 초등학교 오학년 때, 담임선생님이었다는 말도 잊지 않았다.

"우리 나균이가 선생님 같은 담임을 만났으면 좋겠어요."

무소유

어제 법정스님께서 향년 79세로 열반하셨다. 유언으로 아무 장례의식도 치르지 말고 저작물도 절판하라고 하셨단다. 책장을 뒤져 법정스님의『무소유』란 수필집을 찾아들고 출근했다.

국어 시간에 법정스님의 삶과 수필을 주제로 수업을 했다. 법정스님의 삶에 대하여 이야기를 나누고, 스님의 수필『무소유』를 읽어 주었다. 초등학교 5학년 아이들에게 다소 어려운 내용이었지만, 그럭저럭 이해하는 것 같았다. 어쩌면 아이들이 먼 훗날에도 '법정스님과 무소유'를 기억했으면 하는 욕심 때문에 이런 수업을 했을 수도 있다.

아이들에게는 무소유가 어떤 의미로 다가올까? 아직 소유해야 할 게 너무나 많은 나이인데…….

법정스님께서 열반하신 날, 다시 읽어보는『무소유』. 글 씨알들이 가슴속에 들어와 깨달음으로 새롭게 또다시 싹트는 느낌이랄까?

법정스님에게 사십구일 가시기 전 마지막으로 무소유 일부를 청해 듣는다.

우리는 필요에 의해서 물건을 갖지만, 때로는 그 물건 때문에 마음이 쓰이게 된다. 따라서 무엇인가를 갖는다는 것은 다른 한편 무엇인가에 얽매이는 것. 그러므로 많이 갖고 있다는 것은 그만큼 많이 얽혀 있다는 것.

버려야 할 것이 많은 내가 행여 아이들에게 무엇해라 무엇해라 욕심을 부리는 것 같아 한껏 부끄러운 날이다.

마당쇠 선생님

양평군 육상대회를 앞두고 육상부 훈련으로 마당쇠를 하고 있는 일요일 오후다. 휴일까지 나와서 연습을 하는 아이들이나 나나 그리 상큼한 기분은 아니다.

전화벨이 울렸다.

“선생님, 대웅입니다. 명절 잘 보내셨어요? 지금 부대로 복귀하고 있습니다. 다음 휴가 때 찾아뵙겠습니다. 건강하세요.”

시원시원한 육군 중위의 목소리다. 대웅이는 첫 발령 받은 안산 관산초등학교에서 가르친 제자다. 초등학교 졸업 이후 15년 동안 거르지 않고 한 달에 서너 차례 안부 전화를 하고, 1년에 두세 차례 찾아오는 애제자다. 코흘리개 5학년이었던 녀석이 어느새 장성하여 대한민국의 의젓한 육군 장교로 복무하고 있다. 빈말인지는 모르지만 예나 지금이나 세상에서 가장 존경하는 사람이 나라고 한결같이 너스레를 떠는 녀석이다.

대웅이의 계급장도 육상부원들이 이번 육상대회에서 목에 걸

메달도 번쩍번쩍하긴 매한가지다.

휴일 오후, 운동장 한 가운데 서 있는 마흔 살 평교사 어깨가 그리 초라하지는 않은 날이다.

청군 백군

서종초등학교 운동회 날. 아이들 기분만큼 들뜬 응원기가 펄럭인다. 각 팀의 응원단장이 반딧불이 물사랑이 깃발을 사기충천 여덟팔자로 휘젓고 있다. 아이들은 응원구호로 화답한다.

“반~딧불이 짜작짜작짝, 물~사랑이 짜작짜작짝.”

반딧불이 응원석에는 반딧불이를 상징하는 빨간색 티셔츠를 입은 아이들이, 물사랑이 응원석에는 물을 상징하는 파란색 티셔츠를 입은 아이들이 앉아있다.

다른 학교에서는 운동회 팀을 청군 백군으로 나누는데 서종초등학교는 반딧불이 물사랑이 팀으로 나눈다.

이 학교에 처음 오던 해 체육부장으로 운동회를 기획하였는데 그때 기존의 청군 백군이란 팀 명칭을 색다르게 바꾸어 보기로 했다.

오랜 생각 끝에 찾아낸 명칭이 반딧불이 물사랑이! 양평군이 수도권 상수원에 위치한 터라 맑은 물 사랑 홍보용 캐릭터로 사용하는 반딧불이 물사랑이에서 착안했다. 아이들에게 애향심을 심어주고 북한강가에 있는 학교의 지정학적 위치에도 딱 맞다는 생각이 들었다.

반딧불이 물사랑이 캐릭터를 넣은 응원 깃발을 주문 제작하고 운동복 색깔을 통일했다. 때마침 월드컵이 얼마 지나지 않았을 때라 반딧불이는 불을 상징하는 붉은색 붉은악마 티셔츠로, 물사랑이는 물을 상징하는 파란색 티셔츠를 입기로 했다.

열한 살 된 반딧불이 물사랑이 깃발이 나부끼고 있다. 올해로 서종초등학교(서종초 정배분교 포함)에 십일 년째 근무하는 김 선생의 지나간 청춘이 다시 나부낀다.

그러고 보니 남한강 북한강팀도 있네! 전에 근무한 이웃학교 양수초등학교에서는 운동회 팀 이름을 청군 백군에서 남한강 북한강팀으로 바꿨다.

양수초등학교가 양평군 양수리에 위치해 있기 때문이다. 양수리는 남한의 금대산에서 발원한 남한강과 북한의 금강산에서 발원한 북한강이 만나 하나의 한강을 이루는 곳이다. 여기에서 남한강 북한강 팀을 생각해 냈다.

곧바로 실천에 옮겨 각기 청색과 흰색의 깃발에 남한강 북한강이란 글씨를 새겨 주문 제작했다. 운동회 복장은 평상복 중에서 흰색과 파랑색 계열을 입도록 했다.

지난주에 열린 양수초등학교 운동회에서 이 깃발은 어김없이 나부꼈다. 십오 년째 잊지 않고…….

청군 백군이 아닌 반딧불이 물사랑이팀. 청군 백군이 아닌 남한강 북한강팀. 한글이름 뽑기 대회에서 한글학회장상을 받은 김우람솔, 김우람찬이란 아들 이름과 더불어 내 작명 실력을 보여주는 쾌거다.

해바라기

올봄에 교실 창문 밖 화단에 교재식물로 심어놓은 해바라기가 내 키만큼 자랐다. 날이 더워지면서 하늘 높은 줄 모르고 자라더니 접시만한 꽃을 여러 개 머리에 이고 있다.

출근하며 해바라기에게 인사를 건네는데 뿌리가 뽑힐 듯 심하게 기울어져 있다. 어젯밤에 내린 비로 땅이 물러져서 뿌리가 꽃의 무게를 지탱하기 힘든 모양이다.

못 쓰는 대걸레 자루를 해바라기 옆에 박고 군데군데 끈으로 동여 맸다. 대걸레 자루가 해바라기를 부축하는 꼴이 되었다. 어제까지 화단의 꽃들 중에서 가장 위용 있게 보이던 해바라기가 오늘은 패잔병같이 처참한 몰골이다.

모두가 내 탓인 것 같아 미안해졌다. 공들여 키운다고 조금만 가물면 물을 흠뻑 주고, 가끔 질소 비료를 특식으로 주었다. 그래서 뿌리를 땅에 깊게 내리지 못하고 멀대처럼 키만 키웠나 보다.

가끔 내 교육 모습도 이랬다. 아이들이 스스로 배움의 뿌리를 튼실하게 내리게 해야 하는데 조급한 마음에 기다려주지 못했다. 물고기를 잡는 법을 가르치기 보다는 배고플 때마다 생선을 주어 허기를 달래주는 겉치레만 요란한 교육을 했다. 이런 교육은 그럴 듯하게 보이지만 비바람이라도 만나면 뿌리째 드러나서 얕은 속내를 금세 들키는 것을 알면서도 말이다.

지금 김선생이 해야 하는 건, 뿌리 얕은 웃자란 해바라기처럼 실속 없이 우쭐대는 교육보다는 잔디뿌리처럼 낮게 기지만 정원을 다 아우르기에 결코 낮게 보이지 않는 그런 교육!

우리말글 풀꽃 이름

국어 읽기 책에 원규라는 아이가 재미있는 풀이름을 조사한 설명문이 실려 있다. 강아지풀은 강아지 꼬리를 닮아서 지은 이름이고, 애기똥풀은 줄기를 잘랐을 때 애기똥 같은 노란 즙이 나와서 붙은 이름이고, 씀바귀는 맛이 써서 갖게 된 이름이라는 내용이다.

수업 목표인 중요내용을 간추려 보는 것으로 마무리 하려고 하는데, 여러 아이들이 자신이 아는 풀이나 꽃 이름에 대하여 이야기하기 시작했다. 아는 지식을 마구 뿜어내듯 말이다.

은비의 이야기다.

"달맞이꽃은 달님처럼 노란색으로 펴요. 달이 뜰 때 달을 맞으러 가는 것처럼 피어나서 달맞이꽃 이래요."

용준이의 이야기다.

"끈끈이주걱이라는 풀이 있는데 끈적끈적한 주걱모양의 잎으로 벌레를 잡아서 끈끈이주걱이라는 이름을 갖게 되었어요."

충재의 이야기다.

“나팔꽃은 나팔처럼 소리는 내지 못하지만, 나팔 모양으로 피기 때문에 나팔꽃이라고 한 것 같아요.”

이외에도 해바라기, 수수꽃다리, 매발톱꽃 등 꽃의 특성과 이름이 잘 어울리는 이야기들이 속속 이어졌다. 꽃보다 예쁜 아이들이 우리말글의 빼어남을 살려 지은 수많은 꽃들을 교실 한가득 피우고 있다.

맞다! 아이들은 우리말글을 살려 써야 하는 이유를 알고 있다.

‘코스모스 보다 살살이꽃이라고 했을 때 우리 머릿속에 그려지는 영상이 한층 생생해지고, 느낌이 쫙 빨려온다.’

은사님 앞에서 수업 공개

양평교육청에서 학교 평가를 하고 있다. 학교별로 한 학급씩 수업을 공개하고 이를 평가하는 것도 포함되어 있다. 서종초등학교에서는 내가 자청했다. 국어과 역할극 수업을 하기로 하고 나는 대본을 쓰고 아이들은 소품을 만들었다.

드디어 수업하는 날, 참관하실 분들이 교실을 찾았다.

'어, 은사님도 오셨네.'

조용각 선생님은 양평 강하초등학교에서 평교사로 함께 근무하다 승진해서 양평 원덕초등학교 교감 선생님으로 계신다. 경인교대 동문인 관계로 동문회에서 자주 뵙고 얼마전까지는 같은 동네에서 살기도 했다. 은사님의 권유로 성당에 나가게 되었고 대부를 서 주신 신앙의 선배이기도 하다.

양평 관내에서 오랫 동안 같이 근무했어도 은사님 앞에서 수업하기는 처음이다. 은사님은 초등학교 3학년 내내 내게 수업을 공개하셨는데 나는 오늘 딱 한 시간 은사님 앞에서 수업을 공개한다.

우리반 아이들에게 은사님을 소개했다.

"여기 이 분이 선생님 초등학교 3학년 때 선생님이셨단다."

"와! 정말이요?"

은사님을 모시고 하는 수업은 교육 3대가 함께하는 수업이었다. 은사님, 나, 아이들 이렇게…….

오늘 따라 아이들은 은사님 앞에서 내 기를 살려주려고 그랬는지 역할극을 연기자 뺨칠 정도로 실감나게 했다. 아이들의 수업에 대한 활기는 너른 바다를 유영하는 돌고래 같았다. 수업이 끝나자 은사님은 참관인들이 내게 하는 수업에 대한 칭찬을 당신에게 하시는 칭찬인 양 흡족해 하셨다.

은사님은 내 수업을 보시면서 무슨 생각을 하셨을까? 아마도 나처럼 교육 3대가 함께 하는 수업에 감개무량하셨을까?

'선생님, 제가 선생님이 된 것처럼 이 아이들 중에서 선생님 한 명 나오겠죠. 그렇죠?'

스물두 번째 맞는 스승의 날

교단에 선지 스물두 번째 맞는 스승의 날 아침, 오늘도 습관처럼 자축하는 의미로 가장 아끼는 옷을 꺼내 입었다.

신경 쓴 옷매무새로 출근하니 여느 스승의 날과 마찬가지로 교탁 위에 꽃바구니와 꽃송이 여러 개가 놓여 있다. 칠판에는 '선생님 사랑해요. 스승의 날 축하해요!'란 분필 글씨가 보인다. 이십이년 동안 보아온 익숙한 스승의 날 아침 풍경이다.

그런데 뭐 하나가 빠졌다. 몇 통 있어야 하는 편지가 보이지 않았다.

'핸드폰이다 전자우편이다 해서 매년 손편지가 줄더니, 올 해에는 아예 한 통도 없네. 점점 정이 메말라가는 세상이 되는군!'

서운한 생각이 들려는 데 책 한 권이 보였다. 부직포로 겉을 싸서 손으로 만든 책이다. 표지에는 '북한강 물빛 닮은 2학년 아이들'이란 제목이 붙어 있다. 첫 장을 들췄다. 학부모님이 쓴 편지글이 보인다.

교과서의 어떤 내용보다 살아있는 삶의 경험을 주시려는 선생님의 교육활동에 박수를 보냅니다. 자연에서 삶을 배우고 그 배운 삶을 글로 표현하고……. 우리 아이들이 선생님 덕에 올 한 해 몸도 마음도 건강하게 자라리라 믿습니다. 스승의 날을 앞두고 아이들이 선생님께 시와 편지를 썼고, 엄마들이 그걸 모아 책으로 엮었어요. 행복하세요. 2012년 5월 15일 서종초 2학년 아이들과 엄마들.

촉촉한 눈으로 책장을 넘기기 시작했다. 우리반 아이들 한 명 한 명의 손편지를 갖가지 들꽃이 피어있는 정원을 거닐 듯 읽었다. 꽃보다 예쁜 아이들이 꽃누르미처럼 꼭꼭 눌러 쓴 글이 내 눈에 알알이 들어와 피었다.

우리 선생님

권우영

선생님은 비
우리들은 꽃
선생님께서 주륵주륵 비 내려주시면
우리들은 비 먹고 자라
어여쁜 꽃이 된다.

선생님은 햇살

우리들은 나무

선생님께서 따스한 햇살 내려주시면

우리들은 햇살 받고 자라

튼튼한 나무 된다.

숟가락 위에 걸터앉은 우영이

담임을 하다 보면 유독 정이 많은 아이를 만나게 된다. 정 많은 아이를 보러 가는 출근길은 늘 즐겁다. 올해는 우영이가 나를 행복하게 한다.

우영이는 '정 덩어리'다. 하는 일마다 정이 뚝뚝 떨어진다. 주전부리를 나누어 주는 일은 흔한 일이고, 집에서 나는 과일을 따다 한 입 넣어 주기도 한다.

오늘은 즐거운생활 시간에 칼라지점토로 만들기를 하였다. 모두들 작품을 만드느라 열심이다. 곤충을 좋아하는 아이는 여러 종류의 곤충을 만들고, 요리사가 꿈인 아이는 갖가지 먹음직스런 음식을 만들고 있다. 아이들이 만드는 각양각색의 작품을 둘러보고 있었다. 그런데, 우영이는 다른 아이들과 주제가 다른 부조 작품을 만들고 있었다.

궁금한 마음에 우영이 자리로 가니, 선물이라며 지점토 작품을 내밀었다. 작품은 이랬다. 하얀 밑바탕에 핑크색 하트를 두르고, 하트 안에 하늘색으로 '선생님 고마워요.'라 썼다. 우영이가 색지점토로 만든 첫 작품. 고마운 마음에 내 책상 위에 고이 모셔두었다.

지난 봄날에도 우영이 때문에 행복했다. 우리반 특색교육활동 산내들 나들이 학습을 하던 날이다.

북한강가로 나가서 여러 식물들의 생태를 설명하는데 냉이 몇 포기가 보였다. 냉이라고 일러주고 한 포기를 뽑아서 뿌리는 원뿌리이고 잎은 톱니 모양이고 냄새를 맡으면 구수한 향이 난다고 했다. 이걸로 냉잇국을 끓인다고 했더니, 모두들 먹어 보았단다. 뽑은 냉이를 우영이가 달라기에 주었다.

주말을 보내고 월요일 아침이다. 우영이가 까만 비닐봉지를 내밀었다. 그 안에 냉이 한 움큼이 들어있다. 처음에는 우영이 어머님이 캐서 보내주신 줄 알았다. 하지만 열 포기쯤 되는 냉이의 분량이나 씻지 않은 것을 볼 때 우영이가 캔 것이 분명하다.

초등학교 2학년인 우영이가 논둑 밭둑을 헤매며 냉이를 찾는 모습이 영상으로 그려졌다. 직접 캤냐고 애써 묻지 않았다. 마음으로 알았으면 되었지! 꼭 연애시절 사랑한다는 말을 아껴두고 싶은 심정이랄까?

그날 저녁을 준비하는 아내에게 냉이 한 움큼을 내밀며 우영이 칭찬을 잊지 않았다.

"애게, 요걸로 냉잇국을 끓이라구?"

네 식구가 먹기에는 턱없이 부족한 양이지만, 아내는 갖가지 재료를 넣어 냉이된장국을 끓였다. 냉이 몇 뿌리 들어있지 않은 냉잇국. 하지만 내가 먹어본 냉잇국 중에서 냉이향이 가장 진했다.

숟가락 위에 척 걸쳐진 냉이 한 뿌리. 우영이가 숟가락 위에 걸터앉아 흔들흔들 발장난을 치고 있다.

수학이야 미술이야

초등학교 2학년 수학 곱셈 수업 시간. 생활 속에서 곱셈을 활용하는 문제가 나왔다.

"윗옷이 빨강, 파랑, 노랑이 있고 바지가 초록, 검정이 있을 때 각각 다르게 입을 수 있는 가짓수대로 옷에 색을 칠하세요."

이 문제의 답은 3×2 = 6. 서로 다르게 입을 수 있는 옷의 가짓수는 6가지다. 위의 결과가 나오도록 곱셈 구구표에 그려진 흰색 옷에 색을 칠해야 한다.

아이들은 문제가 주어지자마자 모두들 알겠다는 듯 질문 없이 흰색 윗옷과 바지에 색을 칠하기 시작했다.

아이들이 색을 칠하는 동안 어려움을 겪을만한 몇몇 아이들에게 다가가 함께 색을 칠했다.

얼마간 시간이 흐르고 검사를 했다.

아뿔싸! 모두들 알록달록 자신이 좋아하는 옷, 입고 싶은 옷으로 예쁘게 색을 칠해 놓았다. 윗옷은 빨강, 파랑, 노랑만 사용하고, 바지는 초록, 검정만 사용하여 경우의 수를 만들어야 하는데 모두들 제각각이다. 이 문제의 핵심을 제대로 이해한 아이들은 나와 같이 색을 칠한 몇 아이에 지나지 않았다.

대다수의 아이들이 미술 시간처럼 좋아하는 색깔로 알록달록 예쁜 옷을 그려놓았다. 경우의 수와는 아무 관계도 없다. '이게 아닌데! 곱셈구구 원리로 해야 하는데.' 그저 다 잘하려니 생각하며 설명을 자세하게 하지 못한 내 잘못도 있고……. 하하. 웃을 수밖에.

무씨 세 알

아이들과 우리반 텃밭에 김장무씨를 심었다. 초등학교 2학년 아이들이 깨알만한 무씨를 심는 것은 힘든 일이다. 꼼꼼하게 지도해야 엉망이 되지 않는다.

"밭이랑에 세 뼘마다 검지손가락으로 구멍을 내요. 깊이는 손가락 한 마디예요. 구멍에 무씨 세 알 씩 넣고 흙을 살짝 덮어요."

아이들이 왜 세 알 씩 넣느냐고 물었다.

"한 알은 땅 속 벌레가 먹고, 한 알은 하늘 나는 새가 먹고, 한 알은 꼬마농부인 여러분이 먹을 거지요."

아이들은 옛 농부들처럼 뭇 생명들 먹이까지 살뜰하게 챙기며 씨를 심었다. 며칠 후, 싹이 나왔나 궁금하여 아이들과 텃밭으로 나갔다. 아니나 다를까! 무싹이 앙증맞은 떡잎 어깨를 으쓱하며 한 무더기에 3개씩 쏙쏙쏙 올라와 있다. 땅 속 벌레도 하늘 나는 새도 기특한 꼬마 농부들에게 자기 몫을 기꺼이 내어 놓았다.

와! 자기가 심은 씨앗이 싹이 튼 것에 놀라는 아이들. 누군가

구구단 3단을 외기 시작하더니 이내 모두 따라했다.

"삼일은 삼, 삼이 육, 삼삼은 구……."

아이들 구구단 소리에 새싹들이 셋씩 어깨동무를 한다.

글쓰기 된장찌개

국어 쓰기 시간, 아이들이 사각사각 주제에 맞는 글을 쓴다. 얼마간의 시간이 지나니 여기저기서 다 썼다고들 한다.

된장찌개를 끓일 때가 된 것이다. 국어 시간이 요리 실습시간이냐고? 아니다. 나는 좋은 글 쓰는 법을 가르칠 때 된장찌개 끓이는 것에 비유한다. 오래된 나만의 글쓰기 수업 방법이다. 자신이 쓴 글에서 모자라는 것은 보태고, 필요 없는 것은 빼게 하는 데 효과적이다.

"이제부터 맛난 글쓰기 된장찌개를 끓여봅시다."

"예, 맛나게 끓일게요."

"멸치 육수에 오래된 집된장과 바지락, 호박, 버섯, 고추를 넣었어요. 뭐를 더 넣을까요?"

"두부요."

"두부를 넣으면 더 맛나겠네요. 달래도 좋구요."

아이들은 자신이 쓴 글에서 더 자세하게 써야 할 곳과 빠진 곳에 글을 보탠다. 글 속에서 아이들 삶이 생동감 있게 도드라진다.

'여기서 끝내면 안 되지. 빼는 법도 가르쳐야지!'

"한소끔 더 끓이는데 된장찌개에 거품이 많이 뜨네요. 어떻게 할까요?"

"국자로 걷어내요."

텁텁한 거품을 걷어낸 아이들 글이 말간 새벽같이 깔끔하다.

우리반 국어시간, 읽을 맛 나는 글이 뚝배기 교실 속에서 보글보글 끓는다.

공부 가르쳐 주시는 소리

2학년 슬기로운생활 소리 단원의 마지막 정리학습. 자신이 세상에서 가장 듣기 좋아하는 소리 3가지를 골라 글과 그림으로 표현하였다. 표현물을 실물화상기로 보며 발표하고 감상하는 시간을 가졌다.

아이들은 이런 소리를 가장 듣기 좋아하는 소리로 많이 골랐다. 사람이 내는 소리로 엄마가 칭찬해 주는 소리, 가족들 웃음소리. 자연물 소리로 빗소리, 바람 소리. 동물 소리로 강아지 짖는 소리, 고양이 울음 소리.

수제자 연재가 발표하는데 기분 짱!

'이 맛에 선생님 하나보다!'

행복감이 이 봄날 봄나물 돋듯이 돋아 오르고, 나비처럼 날아오르고…….

그 이유는 이렇다. 연재가 세상에서 가장 듣기 좋아하는 소리는 참새 소리, 시냇물 소리, 선생님이 공부 가르쳐 주시는 소리란다.

연재에게 수업하는 내 목소리는 그만큼 중요한 소리였구나!

할머니의 손자 사랑

할머니 한 분이 상담을 하러 왔다. 날마다 아이와 등하교를 함께하는 수찬이 할머니. 요즘 들어 부쩍 늘어난 아이의 거친 행동과 말투가 걱정이라고 하셨다. 선생님께서 관심을 갖고 지도해 주십사하는 부탁의 말을 잊지 않았다. 이야기 중에 아이 엄마에 대해서 물었다. 작년에 병으로 세상을 등졌다는 가슴 아린 답이 돌아왔다. 아이의 거친 행동과 말투가 엄마의 빈자리 때문일 거란 이야기도 덧붙였다.

"장례를 치르는데 고 어린 것이 이를 악물고 울음을 참더라구요. 지 애미가 얼마나 보고플꼬."

그 말을 듣는 순간 잠시 멍해졌다. 고개를 숙이고 긴 한숨 깊게 쉬고 할머니를 보았다. 울고 있었다. 가슴이 먹먹했다. 나도 울었다.

'앞으로 수찬이 얼굴이라도 자주 보듬어 주어야겠다.'

선생님 따라하기

즐생시간에 봄의 생명체 표현하기 수업을 하려고 강당으로 갔다. 이 수업은 봄에 볼 수 있는 동식물을 몸으로 표현하는 것이다.

강당에 갔는데 난감. 어제 학부모총회 때 사용한 접이식 의자 백여 개가 그대로 있었다. 이걸 치워야 수업이 가능했다. 2학년 아이들이라 좀 어렵겠다 싶었지만 해보기로 했다.

아이들이 의자를 들고 오면 그걸 받아 수납장에 하나씩 포개 넣었다. 아이들이 동시에 들고 오는 것을 혼자 받아 넣으려니 병목현상이 일어나고 있었다. 한참을 쩔쩔매는데 의자를 들고 오는 아이들이 점점 줄어들었다. 힘에 부치니 좀 쉬나? 아니면 꾀가 났나?

그게 아니었다. 반대쪽에 또 한 줄이 만들어졌다. 많은 아이들이 상민이에게 의자를 가져가고 있었다. 상민이가 내가 하는 것을 보고 똑같이 따라한 것이다.

대견했다. 일도 척척 잘했다. 누가 시키지 않아도 스스로 일을 찾아서 하는 아이! 상민이의 미래는 분명 밝다.

식목일 계기교육

식목일 계기교육을 했다. 교육 내용은 교목인 향나무에 유기농 거름을 주고, '나무를 심은 사람'이란 애니메이션을 감상하는 것이다.

먼저 향나무에 거름을 주었다. 아이들은 이 나무를 '할아버지 나무'라고 부른다. 아름드리나무로 크기가 어마어마하고 또, 서종초등학교가 개교할 때 심었으니 나이는 백 살 쯤 되었기 때문이다. 나무 둘레에 구덩이를 파고 퇴비를 묻었다.

어린 아이들이 땀을 뻘뻘 흘리며 삽질하는 모습에 향나무가 껄껄껄 흐뭇하게 웃는다. 부는 바람에 당신의 가지를 부채 삼아 흔들어 향긋한 향바람을 내려 보낸다.

다음으로 장지오노 원작 '나무를 심은 사람'이란 애니메이션을 감상했다. 프랑스 프로방스 지방에서 실제로 있었던 이야기다.

줄거리는 이렇다. 한 노인이 버려진 황무지에 평생 동안 도토리를 심는다. 해가 갈수록 황무지는 땅거미가 내리듯 서서히 참나무 숲으로 변한다. 숲이 생기니 시냇물이 흐르고 뭇짐승들도 찾아온다. 젖과 꿀이 흐르는 가나안 땅이 되어 만 명이나 되는 사람들의 보금자리가 된다. 사람들은 집집마다 꽃과 채소를 기르며 서로 돕고 행복을 나눈다.

이 노인이 바로 '엘지아 부피에'다. 하느님과 닮았다. 새로운 세상을 창조했으니 말이다. 아이들은 한 사람이 얼마나 위대한 일을 할 수 있는지 깨달으며 감탄했다.

'하느님, 우리반 아이들도 이 사회에 엘지아 부피에가 될 수 있겠죠?'

아빠가 너무 보고 싶었어요

올해는 미술 전담교사로 아이들을 가르치고 있다. 오늘은 미술관 체험학습으로 5학년 아이들과 양평군립미술관을 찾았다. 이번 전시는 가정의 달 특별기획 프로젝트 '세상은 만화다 - 행복한 우리 가족展'이 주제다. 아이들이 만화 작품을 감상하며 미적 체험을 하고, 덤으로 가족의 소중함을 느꼈으면 하는 게 수업 목표다.

아이들은 도슨트의 설명을 들으며 작품을 감상했다. 한 시간 남짓 작품 감상을 마치고 정리학습으로 감상평을 이야기하였다. 가장 인상에 남는 작품에 대하여 발표를 할 때다.

은규가 발표를 하였다. "저는 아빠가 너무 보고 싶었어요." 난데없이 아빠가 보고 싶었다니 무슨 말이지? 이야기는 이렇다. 김정영 작가의 「아버지」라는 작품을 보는데 아빠가 너무 보고 싶었단다. 그 작품은 아버지가 키가 작은 아들을 위해서 세면대에 올라설 의자를 만드셨고, 아이가 자랄수록 의자의 다리를 잘랐다는 이야기를 그림과 글로 표현한 작품이다. 작가는 세월이 흘러 의자가 필요 없는 나이가 되었을 때 아버지가 곁에 없으니 그립다는 사연을 전달하고 있다.

은규의 감상평을 듣는데 마음이 짠해지며 눈가가 촉촉해졌다. 은규 아버지는 작년 겨울에 돌아가셨다. 나도 은규만한 나이에 아버지가 돌아가셨고, 어린 나이에 아버지의 빈자리가 너무 컸다.

제자와 동병상련! 괜하게 미술관 왔다 울고 간다.

'은규야, 이렇게라도 아빠를 추억하렴.'

강낭콩 떡잎

4학년 과학 식물의 한살이 단원에 강낭콩 관찰하기가 있다. 아이들과 학교 텃밭에 강낭콩 씨앗을 심었는데 오늘 나가보니 떡잎 두 장 사이로 본줄기가 세 장씩의 잎을 달고 고개를 쏙 내밀었다.

강낭콩 한 뿌리를 솎아내 각 부분이 하는 일을 설명하는데 준호가 질문을 했다.

"떡잎은 무슨 일을 해요?"

"떡잎은 자기가 가진 영양분으로 어린 강낭콩을 키운단다."

"어린 강낭콩에게 자기 영양분을 준 떡잎이 쭈글쭈글 해졌네요."

이 말에 규혁이가 맞장구를 친다.

"떡잎이 두 장이니 하나는 엄마 떡잎, 하나는 아빠 떡잎 같아요."

보민이도 말을 덧붙인다.

"본줄기는 우리들 같아요."

갑자기 과학수업이 효체험수업으로 흘렀지만, 아이들 말 속에 부모님에 대한 고마움이 꽉 채워져 있음에 감사했다 .

'맞다. 떡잎이 꼭 우리네 부모 같다. 자식을 위해 자신의 모든 것을 내어주는 우리네 부모 말이다.'

오늘은 당신의 날이에요

몇 년 전부터 경기도 교육의 화두는 혁신이다. 이에 따라 도교육청에서 혁신학교를 지정하고 있다. 우리 학교도 공모제로 부임한 이병식 교장선생님의 공모 약속대로 혁신학교를 신청하게 되었다. 기획력 있고 계획서 잘 쓴다는 이유로 혁신부장의 업무를 맡게 되었다. 하지만 혁신학교 지정은 결코 쉽지 않은 일이다. 상당한 예산을 지원받기 때문에 경쟁이 치열하다.

혁신학교 지정을 원하는 학교의 혁신부장들 계획서 쓰기 각축장이 되었다. 학교 실정에 맞는 혁신학교 비전을 설정하고 창의·지성 교육과정 운영에 대한 참신한 아이디어를 넣어 계획서를 써야 그나마 명함이라도 내밀 수 있다.

몇 달을 야근과 주말 반납으로 계획서에 매달렸다. 혁신학교 예비지정교 계획서를 써서 7:1의 경쟁을 뚫고 6월에 예비지정교로 선정되었다. 10월 혁신학교 본 지정 계획서를 써서 3:1의 경쟁을 뚫고 통과했다.

11월 26일 오늘은 혁신학교 지정의 마지막 단추를 꿰는 날이다. 3명으로 구성된 심사위원의 현장 실사로 3:1 경쟁에서 본지정이 결정난다. 무거운 십자가를 지고 혁신학교 지정이라는 언덕을 오른 지 꼭 7개월 만의 일이다.

실사 면담실에 들어가기 전 부담이 백배가 되었다. 그리고 혹여 잘못되면 준비를 소홀히 했다는 뭇매를 맞을 수도 있다고 생각하니 한숨이 나온다. 심도 있는 날카로운 질문으로 나를 통하여 혁신학교 추진 의지를 파악하려고 할 텐데…….

그때 아내에게서 문자가 왔다.

'오늘은 당신의 날이에요. 믿어요.'

당차게 면담실 문을 열고 들어섰다. 마치 고구려 무사처럼.

배추흰나비 날아오르다

3학년 과학에 배추흰나비 한살이 단원이 나온다. 미리 준비를 하지 않으면 자칫 이론수업을 할 수 밖에 없는 단원이다. 배추흰나비 알을 분양한다는 곳에 기대어 볼까하는 생각도 들었지만, 처음부터 끝까지 아이들과 함께 하기로 했다.

봄날 아이들과 학교 텃밭에 배추흰나비 먹이 배추씨앗을 심었다. '배추가 자라면 배추흰나비가 날아와 알을 낳겠지?' 며칠 후, 씨앗은 새싹 머리를 쏙 내밀더니 쑥쑥 자라 배추흰나비 산란처가 될 만큼 잎을 넓혔다. 초록꽃으로 피어난 배춧잎은 꽃보다 예쁜 아이들 공부를 위해서 아낌없이 자신을 내어 주고, 배추흰나비가 날아와 알을 낳아 주기를 청했다. 아이들은 배추들에게 자주 발소리를 들려주었다.

어느 날, 늘 일찍 등교하는 홍주가 깨알만한 여러 개의 배추흰나비 알을 발견한 승전보를 전해주었다. 아이들은 옥수수 모양의 알들이 연두색에서 노란색으로 바뀌는 것을 보며 빨리 애벌레가 되기를 응원했다.

아이들은 짬이 날 때마다 풀방구리에 쥐 드나들 듯 배추밭에 드나들었다. 어느 날인가 초록 애벌레 여러 마리가 아이들을 반겼다. 애벌레들은 먹성 좋게 배춧잎을 갉아 먹으며 투실투실 살이 올랐다.

얼마쯤 지나니 하나둘 애벌레가 사라지기 시작했다. 모두 고치로 변하며 여기저기 숨을 만한 곳을 찾아 대롱대롱 매달렸다. 이쯤에서 모기장을 구해 배추밭을 덮어주었다.

어느 날 아침, 아이들의 환호성이 터졌다. 모기장 안에 배추흰나비 십여 마리가 보였다. 꿀물을 넣어 주고 여러 날 관찰했다.

누군가가 의견을 냈다.

"배추흰나비가 답답해 보여요. 날려주면 좋겠어요."

모기장을 걷어내자 한무리의 배추흰나비가 하늘로 날아올랐다. 2학기 책거리 행사에서 아이들이 가장 재미있었던 수업 1순위로 꼽은 것이 배추흰나비 한살이였다.

수지의 생일 꽃

생일 날 아침, 안사람이 끓여준 미역국을 먹고 출근했다. 과학 전담교사이기에 과학실 문을 따려고 섰다. '어, 뭐지?' 문 손잡이에 색종이 꽃이 알록달록 피었다. 색종이 꽃다발 안에 메모지가 보였다.

'김용우 선생님, 생신 축하드려요. 수지 올림.'

'생일을 알려준 적이 없는데 어떻게 알았지?'

나는 음력 생일을 쇠는 데 매년 양력으로 환산해서 쇠기 때문에 간혹 가족들도 잊고 넘어가는 일이 많다. 수지가 무슨 신통력이라도 가지고 있나? 마침 3교시에 5학년인 수지네 반 수업이 있으니 그때 물어보기로 했다.

과학수업을 하러 온 수지에게 고맙단 말을 전하고 내 생일을 어떻게 아느냐고 물었다. 수지 이야기를 듣고 궁금증이 풀렸다.

"얼마 전에 지구와 달 공부할 때 음력 양력에 대해 알려주셨어요. 올해는 음력 양력이 딱 한 달 차이가 난다면서요. 선생님

생일이 음력 2월 28일인데 올해는 양력으로 3월 28일이라구요."

'아, 그랬구나! 지나치듯 한 말을 수지는 머릿속에 꼭 기억했구나.'

수지는 담임도 아닌 내 생일을 기억해서 나를 행복하게 했다. 내 아들들은 생일 선물 없이 지나친 날인데……. 수지 덕분에 아들들에게 서운했던 마음이 봄눈 녹듯 사라졌다.

어제 저녁 내내 색종이 꽃을 접고 메모지에 글을 썼을 수지의 시간들이 행복한 영상으로 그려졌다. 너무도 감사한 마음에 답례품을 찾는데 도자기 연필꽂이가 눈에 띄었다. 도예학원에서 직접 만든 것이라 아끼는 것이다. 하나도 아깝지 않은 마음으로 수지에게 주었다. 속으로 이렇게 말하면서.

'수지야, 나중에 초등학교 선생님이 되는 건 어떠니? 그래서 너처럼 예쁜 마음을 가진 제자를 만나보렴.'

꽃이 된 이름

학교에 보건실이 없는 관계로 작은 상처를 입은 아이들이 교무실에 와서 치료를 받는다. 바깥놀이 하기에 좋은 오월이 되자 쉬는 시간마다 아이들로 붐빈다. 오늘도 코피를 흘리는 아이가 치료를 받고 있다.

"새미가 코피를 많이 흘리네."

백승돈 교감 선생님이 지혈을 위해 휴지로 얼굴을 가린 아이를 보며 말씀하신다.

"아마, 5학년 난슬이 동생이지."

와, 형제관계마저 꿰뚫고 계신다.

요즘 전교생 이름 외우기를 하신단다. 시작한지 꽤 되어 3~6학년은 거의 외웠는데 1~2학년은 아직 헷갈린다고 하신다. 저학년은 어려서 그런지 고만고만한 게 모두 귀엽기만 하고 도통 분간이 어렵단다. 몇몇 개구쟁이 아이들은 빼고 말이다.

이름을 몰라 그저 '야', '너' 이렇게 부를 때보다 이름을 불러주니 아이들이 더 좋아하고, 또 덤으로 당신을 대하는 아이들의 태도도 훨씬 더 친근해졌다는 것이다. 인사도 더 잘하고.

그간 난 어땠지? 강산이 두 번 넘게 바뀔 만큼 교단에 서면서 우리반 아이들 이름 외우기에도 급급했는데. 전교생 이름 외우기라니……. 아이들 사랑의 시작은 작은 관심에서 비롯된다는 걸 몸소 보여주심에 고개가 살짝. 이쯤에서 김춘수 시인의 「꽃」이란 시가 문득 떠올랐다.

꽃

김춘수

내가 그의 이름을 불러 주기 전에는
그는 다만
하나의 몸짓에 지나지 않았다.

내가 그의 이름을 불러 주었을 때
그는 나에게로 와서
꽃이 되었다.

내가 그의 이름을 불러준 것처럼
나의 이 빛깔과 향기에 알맞는
누가 나의 이름을 불러다오
그에게로 가서 나도 그의 꽃이 되고 싶다.

우리들은 모두
무엇이 되고 싶다.
나는 너에게 너는 나에게
잊혀지지 않는 하나의 의미가 되고 싶다.

자작나무 이야기

보육교실 담당교사인데 오늘은 오후 3시가 되어서야 보육교실로 내려갔다. 아이들이 여주 황학산수목원으로 체험학습을 갔다 이때쯤 돌아오기 때문이다. 잠시 기다리니 한 무리의 1학년 아이들이 재잘거리며 교실로 들어섰다. 잘 다녀왔냐고 인사를 건네니 은조가 수목원에서 본 자작나무에 대한 이야기보따리를 펼쳐 놨다.

"자작나무를 봤어요. 하얀색 나무구요. 탈 때 자작자작 소리를 내서 자작나무래요. 충치를 예방하는 자일리톨껌을 만들구요. 옛날에는 껍질을 종이 대신 사용했대요."

내가 좋아하는 자작나무에 대한 지식을 술술 풀어낸 꼬마아가씨가 기특해서 지식 선물을 주기로 했다. 인터넷으로 경주 천마총에서 발견한 천마도를 검색해서 사진을 보여주었다. 천마도가 자작나무 껍질에 그려진 말다래라고 알려주었다. 그랬더니 자작나무 껍질에 그린 옛날 그림은 처음 본다며 신기해했다.

곁에서 듣고 계시던 보육 선생님도 지식 하나를 더 얹었다. 어느 책에서 읽었는데, 고대 사람들은 자작나무를 신의 세계인 하늘과 사람의 세계인 땅을 이어주는 신령스런 나무로 여겼다고 했다.

자작나무가 여타의 나무들과 다르게 범상치 않게 느껴지며 애정이 더해졌다. 이제까지 내가 자작나무를 좋아하는 이유는 그 모양새 때문이었다. 늘씬하게 하늘을 향해 쭉 뻗은 나무 모양과 하얀 껍질의 아름다움이란! 또 새봄에 돋아나는 찬란한 연둣빛 잎이 여름을 거치며 풋풋한 초록색으로, 가을을 맞으며 노랑 단풍으로 변하는 고상한 색채의 변화도 볼만하고……. 거기에 오늘은 더 많은 이야기 결들이 쌓여서 더 사랑스러운 나무가 되었다.

오후에는 친목회장님의 방학 중 교직원 여행 설문조사 팝업이 떴다. 내용은 강원도 인제의 자작나무 숲길 산행과 경상도 문경의 짚라인 체험 중에서 선택해 주십사하는 내용이었다. 나는 망설임 없이 자작나무 숲길에 동그라미를 쳤다.

오늘은 자작나무 이야기가 참 많은 날이었다.

은혜 갚은 밤

출근하자마자 교무실에 들러 차를 마시는데 뒤이어 출근하신 이영민 선생님이 가을 한 됫박을 내어 놓았다. 아, 가을이구나! 까기 힘들다는 껍데기를 까서 말간 속살을 드러낸 날밤이다. 아침을 부실하게 먹고 온 터라 순식간에 몇 알을 우두우두 씹었다. 우두거리는 소리를 즐기고 있는데 또 듣기 좋은 소리가 이어진다.

“사연이 깊은 밤이에요. 냉장고 청소를 하다가 밤 한 톨을 보았어요. 언제 넣어두었는지 기억에 없는데 글쎄 싹이 터 있지 뭐예요. 생명 있는 것을 버리면 안 될 것 같아 가져다 밭둑에 심었더니 가을마다 이렇게 보답을 하네요.”

선생님과 밤나무의 인연이 부러웠다.

세 줄기 인생

내년 교육과정 수립을 위한 협의회를 관내 연수원에서 열었다. 이 행사에서 『연탄길』 책의 저자 이철환 작가의 '마음으로 바라보기'란 강연을 들었다. 작가의 『연탄길』 중 「아름다운 이별」이란 글이 지난 교육과정 5학년 교과서에 실렸기에 초등 선생님에게 친근한 작가다. 요즘 작가는 글 쓰는 것 외에 그림도 곁들여 그린다고 했다.

내가 깊은 인상을 받은 강연 내용은 작가가 들려준 초등학교 선생님에 대한 이야기였다. 선생님은 전근을 가시면서 이런 말씀을 해 주셨단다.

"철환아, 박꽃이나 달맞이꽃은 낮이 아닌 깜깜한 밤중에 아름다운 꽃을 피운단다. 철환이도 지금은 가정형편이 어렵지만, 글을 잘 쓰니 소설가가 될 수 있고, 또 그림을 잘 그리니 화가도 될 수 있을 거야."

작가는 따뜻한 선생님 말씀을 가슴속에 품고 살며 차디찬 가난을 이겨낸 덕에 지금 소설가 겸 화가의 삶을 살게 되었다고 했다.

작가의 이야기가 하나같이 내 학창시절의 경험과 비슷하여 공감이 갔다. 나는 조각과 수필을 취미로 하는데 이 취미를 갖게 된 계기를 두 분 선생님의 말씀에서 찾는다.

초등학교 때 최종훈 선생님과 중학교 때 이근숙 선생님!

조각이란 취미의 씨앗은 초등학교 4학년 때 최종훈 선생님이 뿌려주셨다. 선생님은 찰흙공작 시간마다 반 아이들이 쓸 찰흙을 가져오라고 부탁하셨다. 아버지가 시루공장에서 일을 하셨기 때문이다.

"찰흙 공작은 용우가 선생님보다 잘하지. 모두들 용우에게 배우거라."

아이들은 너도 나도 자신들이 표현하기 힘든 부분을 만들어 달라고 아우성이었다. 사실 아기 때부터 아버지 일터인 항아리공장에서 찰흙을 가지고 놀았던 내게 찰흙공작은 식은 죽 먹기였다. 내가 찰흙을 주무르기만 하면 마법같이 강아지, 비둘기, 공룡이 태어났다. 그럴 때마다 친구들은 탄성을 질렀다.

나는 찰흙공작이 있는 날마다 스타가 되었다. 그날 만큼은 용우 어린이의 기가 사는 날이었다. 그 시절 아버지는 경영하던 항아리공장이 파산하여 남의 시루공장에서 일을 했다. 항아리 공장 일꾼들에게 도련님 소리를 듣던 아이의 신분은 하루아침에 시루공장 일꾼 아들로 강등되었다. 어려워진 가정 형편으로 풀이 죽어 지내던 때에 선생님 말씀으로 내 자존감은 깃발처럼 펄

럭였다.

이후로 나는 학창시절 내내 미술 잘하는 학생으로 통했다. 초등학교 선생이 되기 위해 미대가 아닌 교대에 들어가서도 미술을 부전공하여 전국대학미전 조소분야에서 입상했다. 대학미전에서 미대생이 아닌 교대생이 입상한 것은 이제까지 없던 일이었다. 이렇게 조각은 그때나 지금이나 내 가장 빛나는 취미다. 이쯤에서 그간 만든 작품을 한데 모아 개인전을 열어볼까?

수필 쓰는 취미의 씨앗은 중학교 1학년 때 이근숙 선생님이 심어주셨다. 나는 겨울방학 과제물 전시회 일기분야에서 최우수상을 받았다. 방학 동안 하루도 거르지 않았고 내용이 좋다는 이유로 뽑혔다. 일기장에 붙은 노란 최우수리본과 작품 설명서에 쓴 내 이름을 보러 쉬는 시간마다 전시실로 종종걸음 쳤다. 봐도 봐도 어깨 으쓱한 훈장 같은 노란 리본을 보고 있는데 선생님이 곁으로 오셨다.

"역시, 용우야. 심사한 선생님들 모두 칭찬하시더라. 일기 내용이 동화처럼 재미있다고 하셨어. 새 덮치기로 멧새 잡아 구워 먹는 것, 산토끼 올무 놓아 잡는 그런 내용 말이야."

선생님을 짝사랑하는 사춘기 소년에게 그 말은 평생 일기를 쓰게 만들었다. 중년이 된 지금도 그 순간 선생님의 말씀을 생각하면 가슴 뭉클한 뿌듯함이 인다. 선생님이 된 후로도 교단일기를 쓰고 있으니 선생님을 많이 좋아했었나 보다. 일기를 써서 문장력이 늘었는지 십여 년 전엔 등단을 하고 공무원 문예대전에서 우수상을 받고 전국 대학생 대학원생 수필공모전에서 대상을 받는 자랑을 갖게 되었다. 지금은 그간 쓴 수필에서 독자들에게 읽힐 만한 글을 가려내어 수필집을 내 볼까 살짝 욕심을 내본다.

두 분 선생님 덕분에 조각과 수필이라는 취미생활로 풍성해진 내 삶!

선생이란 한 줄기 인생에 조각과 수필이란 두 줄기 인생이 보태져 세 줄기 인생을 살고 있다고나 할까?

분교의 동화 같은 입학식

정배분교 입학식이다. 올해 입학하는 어린이는 딱 두 명. 남자 아이 수오, 여자 아이 민아.

분교장으로서 두 명의 입학생을 앞에 세우고 입학 허가서를 낭독하는데 꼭 성혼선언문을 낭독하는 착각이 들었다.

입학 선물로 호미와 학교 텃밭 한 평을 주었다. 호미자루에 꼬마농부 수오, 꼬마농부 민아라 썼고, 학교 텃밭엔 수오네 농장, 민아네 농장이란 나무 팻말을 꽂아주었다.

학교 텃밭에 채소를 가꾸며 식물의 생장과 일의 소중함을 배우라는 뜻에서다.

'수오야, 민아야. 한 쌍의 원앙이 되어 정배분교란 호수에서 행복한 여섯 해를 보내렴.'

불두화 꽃비 세례

점심을 먹고 화단에 앉아 쉬고 있었다. '재잘재잘 조잘조잘' 우리반 아이들이 쪼르르 달려 왔다.

"선생님, 눈 감아 보세요."

'또, 무슨 장난을 치려고.'

못이기는 척 눈을 감았다.

"선생님, 사랑해요."라는 외침과 함께 머리 위로 무엇인가 쏟아졌다. 눈을 떠보니 불두화 꽃비가 머리 위에 내리고 있다. 불두화 꽃나무 아래에서 놀다가 탐스러운 꽃송이를 딴 모양이다. 누군가 깜짝 이벤트를 하자는 의견을 냈을 것이다.

부처님 10대 제자를 닮은 10명의 아이들이 부처님을 닮았다는 불두화를 내 머리에 뿌리며 꽃 세례를 주고 있다. 세례를 받고 대강대충 선생님이 아니라 아이들 섬기는 선생님으로 거듭나라고 하는 것 같았다.

선생님 하면서 몇 번 느껴보지 못한 절정의 행복감! 그리고 그

풍경! 작은 분교 교정에 10명의 1,2학년 복식학급 아이들과 중년의 선생님과 불두화 꽃송이.

아이들은 나에게 불두화 꽃비 세례를 주었는데 나는 아이들에게 무엇으로 세례를 줄까?

세발식洗髮式

단옷날이다. 단옷날 세시 풍속으로 빼 놓을 수 없는 것이 창포물에 머리 감기다. 조상님들은 창포를 삶은 물로 머리를 감으면 머리카락이 소담하고 윤기가 있으며 빠지지 않는다고 하였다. 우리반 아이들도 조상님들을 따라 하기로 했다.

이웃집 연못에서 어렵게 구한 창포 한 단을 들고 출근했다. 양은솥을 걸고 창포를 넣어 삶았다. 무청 삶는 냄새가 나자 갈색의 창포탕菖蒲湯이 만들어졌다.

내가 붙인 수업 제목. 세발식洗髮式

아이들 한 명 한 명을 무릎에 올려 가슴에 품고 머리를 감겨 주었다. 분교 1, 2학년 복식학습 아이들이 차례로 선생님 품에 안겼다. 아이들 머리카락이 세숫대야의 창포물을 만나 물풀처럼 찰랑거리며 춤을 춘다. 창포물에 곱게 감긴 아이들 머리카락에서 윤기가 잘잘 흘렀다.

예수님은 십자가에 못 박히시기 전날 밤, 12제자들의 발을 씻겨주시는 세족식洗足式을 하셨다.

나는 단옷날을 맞아 예수님을 흉내 내어 제자들 머리를 감겨 주는 세발식을 했다. 마치 내 안에 예수님이 계신 듯 몸이 뜨거워졌다. 뜨거운 창포물 때문에 그랬을까?

예수님이 제자들을 섬기듯 그렇게 우리 아이들을 섬기는 모습을 아주 쬐끔 흉내 낸 날이다.

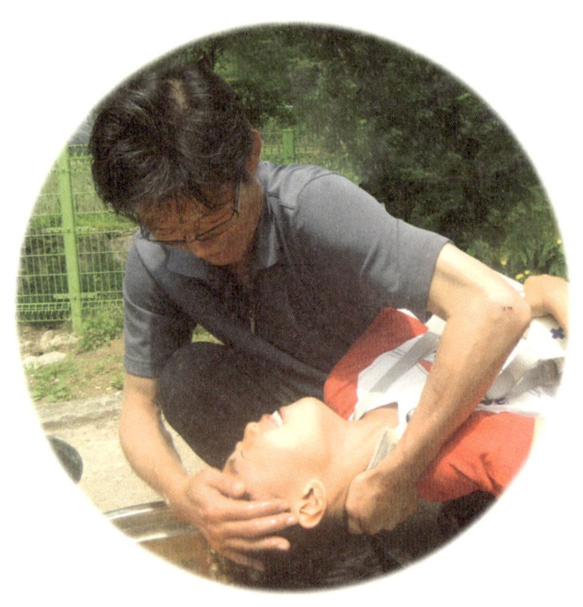

겸서의 도서관 현판 글씨

정배분교에 도서관이 생겼다. 이름을 짓고 현판도 걸어야 한다. 정배교육가족에게 이름을 공모해서 학교가 있는 정배리의 옛지명인 솥비를 넣은 '솥비 어린이 도서관'을 뽑았다.

이름이 정해졌으니 나무 현판에 새겨 도서관 문 위에 걸기로 했다.

여기서 떠오른 반짝 아이디어.

'현판 글씨도 공모하자. 아이들 글씨 그대로 현판에 새기는 거야.'

공모한 글씨를 뽑는 날, 깊은 생각 끝에 우리반 연겸서의 글씨를 뽑았다. 평소에 글씨 예쁘다 자주 칭찬하던 아이다. 2학년 아이의 글씨라 믿기지 않을 정도로 자형도 바르다. 붓펜을 이용하여 궁체로 썼는데 필력까지 느껴질 정도다.

'솥비 어린이 도서관. 글씨 연겸서' 이 문구를 현판에 새기기로 했다. 현판 제작업자에게 아이가 쓴 글씨를 절대 변형하지 말고 확

대해서 오목새김으로 파 달라고 했다.

도서관 개관식 날, 많은 축하객이 모인 자리에서 겸서의 글씨가 새겨진 현판이 도서관 문 위에 걸렸다. 장난꾸러기 겸서가 별이 된 날이다.

겸서 아버지는 아들을 현판 앞에 세우고 연신 셔터를 눌러댔다.

보이는 듯하다!

30년쯤 후, 아들 초등학교 입학식 날 자신의 아들을 이 현판 앞에 세우고 연신 셔터를 눌러댈 겸서가…….

고구마 순

날씨가 더워지자 학급 텃밭에 고구마 줄기가 쭉쭉 뻗어나간다. 줄기가 무성하면 고구마 알이 잘 들지 않는 법이다. 줄기를 자르거나 재껴 주고 고구마 순을 따서 공부도 할 겸 텃밭으로 나갔다.

고구마 순을 따서 몇 십에 대한 수학공부를 할 참이다. 오십-쉰, 육십-예순, 칠십-일흔, 팔십-여든, 구십-아흔을 10개씩 묶음을 지어 배울 것이다. 고구마 줄기를 잘라서 주고 고구마 순을 따서 묶음을 지으며 공부를 하였다. 꾀를 내는 아이가 있어 자기가 딴 고구마 순은 집으로 가져가라고 했다. 그랬더니 효과 만점.

아이들은 구십-아흔에 필요한 10개씩 9묶음도 뚝딱 만들었다. 스스로 구체물 학습자료를 자청한 고구마 순 덕분에 몇 십에 대한 공부를 재미있게 할 수 있었다.

학습자료가 되어준 고구마 순이 이번에는 요리실습 재료가 되어 준단다. 아이들이 집으로 가져가기로 한 고구마 순을 십시일반으로 덜어냈다. 요리를 해서 급식 우유와 먹기로 했다. 먼저 껍질 벗기는 법을 알려 주었다. 꼬마 나물꾼들은 능숙한 솜씨로 껍질을 벗겨서 먹을 만큼 손질해냈다.

들통에 물을 끓여 고구마 순을 데쳐 프라이팬에 올리브유를 두르고 달달 볶았다. 거기에 마늘, 파, 참기름, 깨소금, 조림간장을 넣고 더 볶았다.

'선생님표 고구마 순 요리'. 냠냠 짭짭 먹어 치웠다. 어제 저녁에 아내에게 조리법을 배우고 양념을 준비하길 잘해도 정말 잘했다. 아이들은 엄마가 해준 요리보다 맛있다고 칭찬했다.

고구마 순 하나로 농사체험학습, 수학공부, 요리실습을 동시에 해냈다. 고급 음식점에서 식전요리, 주요리, 식후요리를 순서대로 맛본 느낌의 뿌듯한 수업!

선생님 집에서의 책거리

옛날 서당에서는 학동들이 책 한 권을 다 떼면 책거리를 했다. 스승에게 감사의 마음을 전하고 학동을 격려하는 의미가 있었다. 스승에게 대접할 술을 준비하고 함께 나눠 먹을 떡을 해서 잔치를 벌였다.

우리반 아이들과 학부모를 집으로 초대해서 책거리 바비큐파티를 하기로 했다. 한 학기 동안 열심히 공부한 아이들을 칭찬하고, 학급 일에 협조해 주신 학부모님께 감사의 마음을 전하기 위해서다.

주머니를 탈탈 털어 장을 보러 나섰다. 숯불구이용 생고기, 과일, 음료수를 넉넉히 샀다. 덤으로 선생님댁 방문기념 선물로 줄물총도 샀다. 차 트렁크에 아이들 입이 행복할 정도의 음식물을 가득 실었다.

모두가 힘을 모아 상을 차렸다. 아이들은 텃밭에서 상추와 고추를 따서 야외 수도에서 씻어 상에 올렸다. 학부모님들은 냉장고를 샅샅이 뒤져 비워내며 밑반찬을 차려냈다. 나와 학교주무관은 숯불을 피우고 고기를 구워냈다.

드디어 선생님 댁에서 여는 책거리 준비가 끝났다. 아이들과 학부모들은 한 학기 동안의 가르침에 감사하다며 '스승의 은혜'를 불렀다. 답례로 나는 아이들 한 명 한 명에게 덕담을 건넸다.

산속 외딴집에 아이들이 북적거리니 조용하던 집에 활기가 넘친다. 산새들도 정원수 위로 포르르 날아와 아이들과 함께 재잘거리고, 정원의 꽃들도 고개를 쏙 빼고 무슨 일이지 하며 많은 사람들에 놀란다. 김선생네 집이 열두 명의 아이들로 천국이 되었다.

선생님 요리사가 만들어 주는 바비큐가 아이들 입으로 쏙쏙 들어간다. 오물오물 먹는 모습에 고기 굽는 나도 신이 났다. 자식 음식 먹는 모습만 봐도 부모 배가 부르다는 말이 맞긴 맞나보다! 선생님 댁에서의 책거리로 정배분교 2학년 교육가족 모두 행복한 날.

무궁화 꽃물 들이기

우리반 아이들 손가락에 봉숭아 꽃물 들여 주기를 하다가 번뜩이는 아이디어가 떠올랐다.

'봉숭아 꽃물을 들일 수 있다면 무궁화 꽃물도 들일 수 있지 않을까?'

손가락에 무궁화 꽃물을 들일 수 있다면 훌륭한 나라꽃 사랑하기 교육프로그램을 개발하는 쾌거! 이제까지 교육과정에서 우리가 해온 나라꽃 사랑하기 프로그램은 이렇다. 기껏해야 무궁화 그리기, 무궁화 노래 부르기지만 이도 해마다 우려먹다 보니 아이들이 식상해한다.

아이들 손가락에 무궁화 꽃을 피울 수만 있다면? 신선한 감이 있어 나라꽃 사랑하기 체험으로 그만이라는 생각이 들었다.

아이들을 보내고 내 손가락을 실험 대상으로 삼았다. 학교 화단에서 무궁화 꽃을 따서 백반을 넣고 찧어서 약지 손가락에 동여맸다. 하룻밤을 조심스레 지낸 후, 아침에 일어나자마자 손가락을 싸은 비닐을 벗겨냈다. 무궁화 꽃물이 곱게 든 손톱을 기대하며…….

하지만, 민낯의 손톱이 나를 빤히 올려다봤다. 수줍은 듯 발그레한 얼굴이 아니라 당돌한 민낯으로.

'아무 꽃이나 꽃물이 드는 것은 아니구나!'

인터넷으로 봉숭아 꽃물이 드는 원리를 찾으니 봉숭아꽃에 분홍색 꽃물을 들게 하는 염료 성분이 섞여 있다고 하였다.

김선생의 호기심 가득한 실험은 실패로 끝났지만, 무궁화 사랑하는 마음은 남궁억 선생님을 닮았죠?

게으른 양반

2학년 즐거운생활 명화 따라 그리기 수업이다. 교과서에 참고 작품으로 제시된 그림은 김홍도의 「벼타작」이다.

작가 소개와 시대적 상황을 이야기하고 감상평을 들었다.

승우가 말문을 열었다.

"모두들 열심히 일하고 있는데 주인은 빈둥거리고 있어요. 저 사람도 일했으면 좋겠어요."

수오도 거든다.

"맞아요. 그런데 동화가 생각나요. 개미와 베짱이 이야기요."

아이들은 자신만의 생각으로 명화를 재해석해서 재창조하였다. 그린 그림을 실물화상기에 비추며 감상할 때였다. 승우 그림에서는 돗자리에 누워 있는 양반은 없고, 대신 지게를 진 양반이 등장했다. 양반이 짊어진 지게에는 엄청난 볏단이 올려져있다. 하하, 그럴 듯하다. 수오 그림에서는 양반이 거지가 되어 동냥하는 그림으로 그려져 있다. 하하, 이것 또한 그럴 듯하다.

아이들은 게으름뱅이 양반에게 무거운 짐을 지워주고 동냥질을 하는 그림을 그렸다. 자기들만의 해학과 풍자를 담은 그림으로 보는 사람들의 속을 후련하게 했다.

우리반 승우와 수오의 해학과 풍자! 단원 김홍도의 그것에 견줄만 하다.

개학식 날 세배 받기

겨울방학 개학식 날이다. 은행에서 바꾼 천 원짜리 신권 지폐를 지갑에 채우고 출근했다. 이유는 정월 초하룻날이 며칠 지나지 않은 때라 절하는 법을 가르치고, 덕분에 아이들에게 세배를 받아볼 참이다.

개학식을 마치고 절하기 수업을 진행했다.

"엊그제가 설날이었지요. 설날은 지났지만 오늘은 여러분에게 세배를 받겠어요."

아이들은 선생님께 세배하는 건 처음이라며 내 제안을 흔쾌히 받아들였다.

우선 절하는 방법을 시연하며 알려주었다. 남자절을 능숙하게 가르치고 여자절을 가르치는데 아이들이 깔깔깔 웃는다. 남자몸으로 여자절을 하는 게 어색했나보다.

드디어 세배받기. 가르쳐준 대로 남자 아이들은 넙죽 엎드려 절을 하고 여자 아이들은 다소곳하게 절을 한다. 순간 절정의 행복감이 밀려왔다.

"선생님, 새해 복 많이 받으세요."

한 아이 한 아이에게 맞춤형 덕담을 해주며 세뱃돈으로 천원씩을 내밀었다. 아이들은 세뱃돈이 너무 적다며 토라진 듯 하였지만 마음은 부자인 것처럼 보였다. 나 또한 세뱃돈 만삼천원 쓰고 일억삼천만원 만큼의 행복을 얻은 날이다.

개뼉따귀 선생

2학년 바른생활 수업시간. 오늘 과제는 한국을 빛낸 100명의 위인들 노래를 개사하는 것이다. 다들 열심히 하는데 하은이는 하지 않고 딴청을 피운다. 참다못해 잔소리를 했다.

"이것 안 하면 바깥놀이 없다."

곧바로 직격탄이 날아왔다. 얼굴을 찡그리며 하은이가 던진 한마디.

"살이라고는 하나 없는 개뼉따귀 같이 생겨 가지고."

교직 이십년 만에 처음 들어보는 폭언! 그것도 2학년 아이에게……. 하은이는 평소 입이 걸기로 소문난 아이인데 오늘은 그야말로 거친 말의 정점을 찍었다.

일순간에 급소를 강타 당한 말에 기가 눌려 화를 내거나 혼낼 생각조차 할 수 없었다. 오히려 촌철살인寸鐵殺人에 허둥지둥.

'어쩌면 내 외모를 이렇게 신랄하게 표현하지?'

쉬는 시간, 현관에 있는 전신 거울 앞에 섰다. 나와는 반대로

서 있는 꽤 닮아 보이는 낯선 사내가 나를 맞았다. 뼈와 가죽 그리고 주름만 있는 피골이 상접한 모습. 얼굴은 해골 화석 같고 엉덩이가 없어 허리띠 없으면 바지가 벗겨질 판이다.

거식증 같은 식사량과 바쁜 분교장 업무가 살을 쏙 빼 놓았다.

아이들은 모두 하교했는데, 하은이의 말은 하교하지 않고 귓속을 맴돌았다.

보인다. 가까운 장래에 탄탄한 논리로 우리 사회의 허점을 날카롭게 지적하고 방향을 제시하는 논객 한 명이! 신문사의 주필이나 기자가 되어도 좋으리라.

'그런데 부탁하마. 그러지 않아도 말라 고민인데. 마른 것 가지고 또 폭언하면 그땐 가만 안 있는다. 개뼉따귀 같은 막말 잘 하는 개뼉따귀 선생 제자야.'

구부러진 숟가락

아이들이 급식을 다 받아가는 것을 보고서야 아이들 가운데 앉았다.

"선생님, 진우와 겸서 좀 보세요. 숟가락으로 장난쳐요."

저만치서 남자 아이들이 숟가락을 ㄱ자로 구부렸다 폈다하며 숟가락이 자기들에게 인사한다며 낄낄거린다.

"누가 숟가락을 함부로 다뤄. 숟가락 들고 손들어."

훈계를 하는데 실실 웃으면서 진지하지 못하다. 순간 감정 폭발! 구부러진 숟가락을 뺏어 이마를 한 대씩 때리고 말았다.

"선생님, 머리 때리지 마세요. 뇌세포 죽어요."

곁에 있던 아이들이 항의하듯 말했다. 어, 상황이 묘해졌다. 숟가락으로 장난친 아이들의 잘못은 온데간데 없고 숟가락으로 아이들 이마를 때린 몰상식한 선생님만 남은 것 같아 더 크게 소리를 질렀다.

"집에서 이랬다면 부모님이 가만 두겠니? 학교에서는 버젓이 이런 일을 벌이고.”

한참 열을 내다가 벌을 멈추고 밥을 먹게 했다. 혼난 아이들이나 나나 밥이 아니라 모래알을 씹는 것 같았다. 결국 우리 셋은 점심을 제대로 먹을 수 없었다.

아이들이 빠져나간 빈 교실에 혼자 앉아 있는데 참 생각이 많았다.

밥 먹는 숟가락을 인사하는 인형이라며 구부러뜨린 아이들이나, 밥 먹는 숟가락으로 아이들을 체벌한 선생님이나 하나도 다를 것이 없다는 생각이 들었다. 잘 구부러지는 그 놈의 숟가락도 원망스러웠다.

‘아! 힘든 오후다. 속이 메스껍고 거북하다.’

십육 년 만에 다시 부른 교가

교직생활 내내 꼭 하고픈 일이 분교에서 아이들을 가르치는 일이었다. 그 꿈을 이뤄 정배분교로 발령을 받아 분교장을 맡게 되었다. 분교장으로 해야 할 가장 중요한 일로 분교의 교육과정을 본교에서 떼어내 홀로 선 교육을 실천하는 것으로 정했다. 분교가 본교의 아류로 보이는 게 싫고, 본교 교육활동에 무임승차하는 게으름은 더욱 싫었기에…….

주위의 거센 반대를 무릅쓰고 교육과정 운영, 예산 집행, 각종 행사를 본교로부터 분리 독립시켰다.

내가 가장 공을 들인 것은 각종 행사의 분리였다. 이유는 본교에서 마련한 행사에 주인의식 없이 수동적으로 참여하여 피해의식만 키우기 때문이다. 입학식, 운동회, 수학여행 등 십여 개 행사를 본교로부터 하나하나 떼어낼 때마다 성취감을 느꼈다.

다른 학교 행사는 모두 분리했는데 졸업식은 쉽지 않았다. 분교에 너무 많은 것을 내어 주었다는 생각 때문인지 학교 관계자와 지역사회의 반대가 컸다. 정배분교 교육가족이 아닌 사람들 눈엔 내가 추진하는 일들이 걱정스럽게 보였나보다. 개인의 사심이 곁들여 있을거란 괜한 오해도 샀다.

하지만 포기하지 않고 계속 설득했다. 내가 이렇게 하는 이유는 이랬다. 6년 동안 다닌 학교가 아닌 본교에서 치르는 졸업식은 축하의 자리가 아니라 학부모나 학생에게 상처와도 같았다. 마치 제집 놔두고 딴집에 가서 잔치 치르는 격이랄까? 집요한 설득 끝에 졸업식을 따로 하기로 결정한 날, 학부모들과 동문들의 격려 전화가 이어졌다.

정배분교가 분교가 되고 십육 년만에 분교에서 따로 졸업식을 치르는 것은 학생과 학부모에게 기쁜 소식이었다. 하지만 더 기뻐하는 이들이 있었으니 바로 동문들이었다. 졸업식 당일, 백발이 성성한 수많은 동문들이 자리를 함께 했다. 박세빈 동문회장님은 해마다 수백만원의 졸업장학금을 내놓겠다고 선뜻 약속했다.

우리들만의 졸업식이 잘 진행되고, 마지막으로 교가를 부르는 순간.

용문산 굽이굽이 뻗은 정기는 십자수 맑은 물에 얼이 서렸네~
힘찬 기상 밝은 지혜 우리의 힘은 대한의 기둥이다 정배어린이~

정배분교에서 십육 년 만에 다시 울려 퍼진 교가! 여느 졸업식에서 들어본 교가와는 달랐다. 손주뻘인 아이들과 반백년 세월을 거슬러 오른 동문들의 소리가 어울려내는 화음이란!

1절 후렴구 끝부분에 다다랐을 때다. 노래의 끝부분이 더욱 큰 소리로 들렸다. '정배어린이.' 서종어린이가 아닌 정배어린이!

2절이 시작되기 전 감격에 겨워 서로가 서로를 둘러보고 있었다.

아, 울고 있다. 울고 있어. 늙으신 동문들이 눈물을 글썽이며 교가를 부르고 있다.

그로 부터 3년 후, 2014년 3월 1일 서종초등학교 정배분교는 본교로 재승격하여 정배초등학교가 되었다.

묵은지 교무 겉절이 교무

태평초등학교로 학교를 옮겨 난생처음 교무부장을 하게 되었다. 중간관리자로 관리자와 선생님들의 교량역할을 하고, 교육활동을 기획 추진하는 업무를 맡은 만큼 책임이 막중하다.

처음 하는 업무이다 보니 모든 일이 낯설어 이전 교무부장에게 하나하나 배워가며 일처리를 하고 있다. 3년 동안 교무를 본 구호진 선생님이 훌륭한 멘토가 되어 주었다.

선생님은 교무란 굴레에서 하루속히 벗어나고 싶겠지만, 신출내기 교무인 내 처지에 그리 놔 줄 수는 없었다. 나는 시도 때도 없이 선생님을 찾아가 교무 일머리를 전수받았다. 선생님은 나 때문에 새로 맡은 인성생활부장 업무에 신출내기 교무 코칭을 혹으로 달게 되었다.

교장선생님도 우리 사이를 아셨는지 학교의 중요한 일을 추진할 때마다 우리를 함께 불렀다. 이러다 보니 교무부장이란 호칭의 정리가 필요했다.

교장선생님은 우리 둘을 이렇게 부르셨다.

“헌교무, 새교무.”

‘헌교무, 새교무라? 나야 괜찮지만 선생님이 괜하게 헌사람 취급을 받는군.’

악의 없는 말씀이시니 농담처럼 받아 넘겼다.

오늘은 교장선생님이 팝업을 보내셨다.

“신구 교무부장님, 상의할 일이 있으니 교장실로 오세요.”

이번엔 우리 둘을 신구 교무부장이라 부르셨다.

나는 곧바로 회신했다.

“곽영희 교장선생님. 헌교무, 새교무는 아닌 것 같고. 신구 교무도 아닌 것 같고. 앞으로는 묵은지 교무, 겉절이 교무라 불러주세요. 묵은지처럼 3년 숙성된 교무업무의 달인 구호진, 겉절이처럼 경력은 짧지만 싱싱한 일처리를 할 김용우가 서로 호흡을 맞춰 볼게요.”

묵은지와 겉절이가 함께 오른 태평교육이란 식탁! 먹거리가 더 풍성해졌다. 같은 값으로 짬뽕과 짜장을 동시에 먹는 짬짜면 같이…….

선배교사들은 일 잘하라는 뜻으로 교무부장을 가끔 ‘교직의 꽃’이라 추켜세워 주셨다. 꽃 부장 두 명을 둔 태평초등학교 교육은 더 풍성해질까?

2부

가족

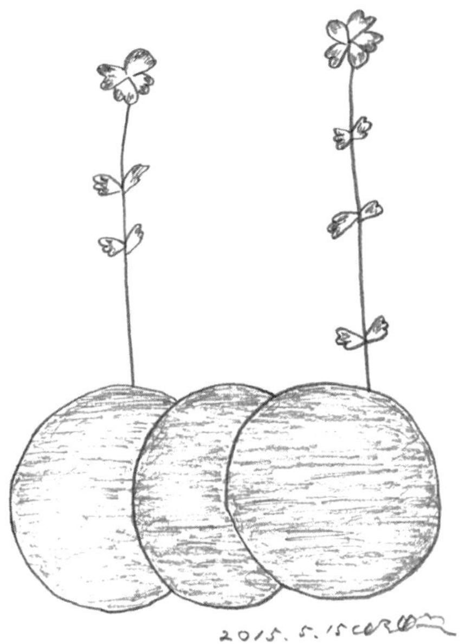

장각

누구나 가족을 위한 먹거리를 사면서 뿌듯함을 느꼈던 적이 있을 것이다. 가장으로 사는 남자라면 아마도 내 이야기에 공감할 것이다. 입덧하는 아내를 위해 한겨울 구하기 힘든 딸기를 사고, 이가 부실한 부모님을 위해 홍시를 고르고, 퇴근길에 아이들이 조른 양념치킨 한 마리를 손에 들 때의 그 뿌듯함. 가장이라는 이름의 어깨를 얼마나 으쓱하게 했던가?

내 평생 가장 어깨가 으쓱했던 경험은 첫 아들을 낳고 장각을 산 일이다. 아내가 출산하던 날, 어머니의 권유에 따라 재래시장에 들러 안사람이 몸을 풀 때 먹을 미역을 샀다. 어머니는 미역 줄기를 자르지 않고 길게 말린 것(장각)을 사오라고 신신당부했다. 그걸 먹어야 아기의 명이 길고, 산모가 빨리 몸을 추스른다고 했다.

스물여덟의 초보 아빠는 재래시장 건어물 가게를 여러 곳 기웃거려 가장 실한 장각을 골랐다. 건어물 가게 아주머니는 산모와 아이에 대한 덕담을 잊지 않았다.

"이게 완도산 장각인데 이걸 먹어야 산모도 아이도 건강하제. 길다고 꺾지말고 그대로 가져가. 그래야 산모도 아이도 오래 살겨."

어른 키 높이만한 장각을 사서 집으로 가는 길. 나를 닮은 한 사람이 생겼다는 게, 나를 닮은 사람을 낳아준 사람이 있다는 게 감사했다. 장각의 길이만큼 어깨가 으쓱하고, 또 장각의 길이만큼 책임감이 컸다.

두 아들 이름 짓기

나는 한글 사랑이 남다르다. 중학교 때 한글학자 외솔 최현배님의 제자인 분에게 국어를 배웠기 때문이다. 이때 결혼하여 낳을 아들 이름을 미리 한글로 지어 놓았다. 이름하여 김우람솔. 우람하다는 옹글고 우렁차다는 뜻이고, 솔은 소나무를 뜻한다. 미리 이름을 지어 놓았기에 아들이 태어나자 곧바로 출생신고를 했다.

둘째 아들을 낳고 생각이 많아졌다. '이름을 어떻게 짓지?' 출생신고 마감날이 다가오는데 썩 내키는 이름은 떠오르지 않고……. '우람하다에서 우람한으로 할까? 통큰 손이란 뜻의 우람손이라고 할까?' 가까운 사람들에게 도움말을 바랐지만 딱히 도움이 되지 않았다. '우람'을 돌림자로 하겠다는 데서 생각이 멈추었다.

둘째 아들 이름을 짓는 것은 노래방에서 풀렸다. 교직원 회식 뒤에 간 노래방에서다. 평소 노래 꽤나 부른다는 말을 듣던 나는 애창곡을 부르기 시작했다. 그때 한창 인기 있는 편승엽이란 가수가 부른 '찬찬찬'이란 노래였다.

"차디찬 그라스에 빨간 립스틱 ~ 음악에 묻혀 굳어버린 밤 깊은 카페에 여인 ~ 가녀린 어깨위로 슬픔이 연기처럼 피어오를 때 ~ 사랑을 느끼면서 다가선 나를 향해 웃음을 던지면서 술잔을 부딪치며 ~ 찬찬찬"

이 노래 마지막 부분 '찬찬찬'을 부르다 섬광처럼 비친 빤짝 생각!

맞다! '김우람찬'

한 잔 더 하자는 동료들을 뿌리치고 집으로 돌아와 국어사전을 들췄다. '차다'. 공을 차다. 물이 차다. 달이 차다. 거기에서 달이 차다가 마음을 끌었다. '이지러짐이 없이 꽉 들어차다'. 그래 이거야! '김우람찬'

이렇게 지은 두 아들 이름은 한글학회장 상을 받는 큰일을 해냈다. 아들들이 유치원에 다니던 1999년 10월 9일. 553돌 한글날 기림 '일곱째 한말글이름 큰잔치'에서 우리말과 글의 빼어남을 살려 쓴 가족 이름으로 뽑힌 것이다.

할머니의 버들피리

휴일 아침 느긋하게 늦잠을 즐기려는데 전화벨이 울렸다.

"한식날인데 아버지 산소에 다녀와야지. 여태 구들장을 지고 있냐."

쉼표 사라진 휴일, 막히는 길 위에서 서너 시간을 허비하고서야 산소에 도착했다.

어머니의 기도와 가족들이 함께 부르는 찬송으로 성묘는 끝났다. 성묘가 끝나면 늘 하던 일들이 기다리고 있다. 봄나물을 뜯어 가까운 웅덩이에서 손질하는 것이다.

우리 가족은 논두렁에서 이것저것 봄나물을 뜯느라 바빴다. 어머니는 쑥을 뜯어 손자들 코에 번갈아 가져다 대셨다.

"아무데서나 쑥쑥 자라서 쑥이지. 내 손자들도 쑥쑥 커야지 쑥처럼."

인스턴트식품에 길들여진 일고여덟 살 아이들의 코가 쑥내음을 반길 리 없다. 하지만 아이들 코는 나중에 캔 돌미나리와 달래와도 코맞춤을 해야 했다.

저녁 식탁에 올릴 만큼 캤을 때 나물 욕심을 접었다. 나물을 씻으려고 논귀퉁이 웅덩이를 찾았다. 그때 아이들이 웅덩이 속에서 뭔가를 발견하고 외치듯 물었다.

"아빠, 저기 저게 뭐예요?"

짐짓 모른 척하며 어머니에게 대답을 미뤘다.

"도롱뇽 알이란다."

어머니는 도롱뇽 알을 건져 아이들에게 보여주었다. 처음엔 징그럽다고 만지지 못하던 녀석들이 조금 지나자 손가락으로 콕콕 찔러보며 신기해했다.

"할머니, 꼭 젤리 같아요. 이거 집에 가져가 키울래요."

"도롱뇽은 이 웅덩이가 집인 걸. 여기 사는 게 더 행복할 걸."

도롱뇽 알 탐구를 끝낸 아이들의 관심은 웅덩이 옆 버드나무 가지로 옮겨갔다.

"할머니, 초록색 나무 이름이 뭐예요?"

"버드나무란다."

어머니는 물오른 버드나무 가지 몇 개를 나물 칼로 잘라내셨다. 가지를 여러 번 비틀어 뽑자 하얀 나뭇가지가 빠져나오고, 고무관 같은 빈 껍질 여러 개가 생겼다. 나물 칼로 한쪽 가장자리 껍질을 살짝 벗기고 입에 물었다.

"할머니 나무껍질 드시려구요?"

"그래, 이 녀석들아."

잠시 후 녀석들의 눈이 휘둥그레졌다.

"두두드드드. 두두드드드."

아이들은 버들피리를 달라고 난리다.

'푸우. 푸우.' 바람 새는 소리만 날 뿐 잘 되지 않았다.

"할머니, 어떻게 부는지 빨리 가르쳐줘요."

버들피리 부는 수업을 받은 우리 가족의 버들피리 연주가 시작되었다.

어머니 버들피리 소리

"두두드드드. 두두드. 두두두드드드."

우리 부부 버들피리 소리

"뚜뚜뜨뜨드. 뚜뚜뜨. 뚜뚜뚜뜨드드."

아이들 버들피리 소리

"삐삐비비비. 삐삐비. 삐삐삐비비비."

좁다란 논둑길을 한 줄로 서서 걷는 우리 가족의 버들피리 합주소리가 들녘으로 퍼져 나갔다.

"두두드드드. 뚜뚜뜨뜨드. 삐삐삐비비비."

못말리는 삼부자

이제껏 남의 일이라고만 생각했던 물난리가 우리 집에도 일어났다. 집을 새로 짓느라 옆집 지하 방을 빌려 이사했는데, 며칠 전에는 한밤중에 빗물이 방으로 넘쳐들어와 뜻하지 않게 수재민이 되고 말았다. 하수구에 걸린 쓰레기가 원인인데, 이것들을 그때그때 치우지 않으면 빗물이 금세 방안을 기웃거린다. 계속되는 폭우로 집안 꼴이 말이 아니다. 습기가 방 구석구석에서 벌레처럼 스멀스멀 기어 나왔고, 곰팡이는 제멋대로 벽지에 그림을 그렸다. 비염이 있는 아이들은 코를 훌쩍이며 짜증을 냈고 나도 서서히 지쳐가고 있을 때였다.

오랜만에 단잠을 즐기려는데 후드득후드득 창문을 후려치는 빗소리에 가슴이 철렁했다. 비는 사나운 폭우로 돌변하여 지붕을 쪼갤 듯 도리깨질을 해댔다. 가족들은 불안한 표정으로 일어나 앉았고 나는 또 하수구를 살피러 나갔다. 비에 흠뻑 젖은 옷이 거추장스러워 벗어 버렸더니 훨씬 홀가분했다. 집과 담 사이의 비좁은 공간에 몸을 모로 뉘여서 쓰레기들을 줍고, 하수구 속의 온갖 오물들까지 건져 올렸다.

다 치우고 나니 기왕 옷도 벗은 김에 빗물로 샤워를 해볼까 하는 재미있는 생각이 들어 아이들을 큰 소리로 불렀다.

"얘들아, 아빠랑 빗물로 샤워하자."

"아빠~ 아빠~, 마당에서~, 빨개 벗었대~, 빨개 벗었대~."

아이들은 팬티만 달랑 걸친 나를 보고 놀리듯이 노랫말을 지어 불렀다.

"빨리 옷 벗고 이리 나와라."

"창피하게 마당에서 옷을 벗어요."

"밤에 누가 본다고 그러냐?"

하지만 아내는 내 재미있는 놀이를 방해하듯 한마디했다.

"요즘 비는 산성비라 맞으면 안 돼요."

"괜찮아. 우리 어릴 적엔 다 맞고 다니던 비야."

아이들은 나의 성화에 못 이겨 억지로 옷은 벗었지만, 머뭇거리며 빗속으로 나오질 못했다. 나는 낚싯대로 물고기 낚듯 아이들 손을 잡아끌었다. 몸을 움츠리고 발을 동동거리던 아이들은 금방 빗물 샤워에 재미를 붙였다.

"와! 빗물 샤워다. 빗방울이 짱이다, 짱이야."

"하느님이 샤워기로 파워 비 뿌려주네."

서로의 몸에 비누칠을 하고 나면 비는 기다렸다는 듯이 물안마를 시원하게 해주었다. 아이들은 몸에서 흘러내리는 우윳빛 빗물이 재미있는지 즐거운 비명을 지르며 비누칠을 해댔다. 우리들은 고삐 풀린 망아지처럼 마당에서 이리저리 뛰었다. 하하깔깔 떠들어도 시끄럽단 사람들은 없었다. 아무리 큰 고함소리도 빗소리에 녹아 흘러갔다. 나는 이번엔 아내를 불렀다.

"당신도 나와요. 얼마나 시원한데요."

"웬 누드쇼? 못 말리는 삼부자나 해요."

아이들도 엄마에게 같이 하자고 졸랐지만, 아내는 물 좋아하는 건 부전자전이라며 웃기만 했다. 우리가 한바탕 신나는 샤워소동을 벌일 때, 아내는 아이들 감기 걱정에 물을 데워 씻길 준비를 했다.

"엄마, 딱! 한번만 더."

다시 마당으로 내달린 아이들은 물고기처럼 파닥거리며 비를 즐겼다. 우리 삼부자는 장마로 인한 끈적끈적한 불쾌감을 그 비로 말끔히 씻어냈다. 비오는 날 누드쇼를 벌인 우리 가족에게 장마는 더 이상 짜증나는 존재가 아니었다.

진분수

수학 분수 수업. 아이들은 색종이를 자르며 분수의 개념을 스스로 알아냈다. 발견학습 제대로 하네? 분수 문제를 푸는 아이들과 분수 숫자가 함께 눈에 들어온다.

$\frac{1}{2}$, $\frac{2}{3}$, $\frac{3}{5}$ 은 참, 보기 좋다! $\frac{2}{1}$, $\frac{3}{2}$, $\frac{5}{3}$ 는 힘들어 보인다! 왜 일까? 분모를 내가 가진 모든 능력이라 보고, 분자를 내가 하고 있는 일이라 생각해 보자. 일과 돈의 문제에서 앞은 여유 있을 것 같고 뒤는 버거울 것 같다.

가분수처럼 살아가는 몇몇 아이들 때문에 마음이 짠하다.

기철이는 태권도에 재능을 보인다. 전국 대회에 나가서 입상도 여러 차례. 장래희망은 올림픽에 나가서 금메달을 따는 것이고 부모님의 바람도 태권도 사범이다. 평소에 섭취하는 영양보다 지나친 운동으로 몸은 작고 깡말라있다. 언젠가 급식을 먹지 않아 물었더니 대회에 나가기 전에 체급을 낮추려고 굶는다고 했다. 안쓰러운 마음에 엄마에게 전화를 했더니, 먹이지 말란다.

'대회 입상을 위해 아이를 굶기기까지 해야 하나?'

혜원이는 학원을 네 곳이나 다닌다. 학교 옆에 사는 데 걸어서 5분 거리인 집을 6시간이나 걸려서야 간다. 이유는 학구에 있는 학원이란 학원은 죄다 들렀다 가기 때문이다. 하교하면 바로 수학학원, 다음엔 영어학원, 다음엔 미술학원, 다음엔 바이올린학원. 부모님의 퇴근 시간에 맞춰 7시에야 집에 간단다. 집에서도 학원숙제, 논술공부로 편치 않다. 내가 해 줄 수 있는 거라곤 숙제를 안 내주는 것 뿐이다.

바른생활 시간에 가장 좋아하는 일과 싫어하는 일을 발표하는데 혜원이의 발표에 숨이 턱 막혔다.

"친구들과 노는 것이 젤로 좋구요. 학원가는 건 진짜 싫어요."

아이의 엄마는 아이가 노는 꼴을 못 본다. 공부하는 꼴만 봐야 직성이 풀리나 보다.

문득, 나에게 묻는다.

'잘난 김선생, 너는 어찌 했니?'

남부끄럽게 나도 혜원이 엄마와 같은 족속이다. 올해 수능을 보는 아들의 성적을 올린다며 주말에도 여러 명의 과외 선생을 집으로 불렀다. 매달 분에 넘치는 돈을 과외비로 써가며…….

아들이 태어나서 처음으로 대들며 한 말이 비수가 되어 귀에 꽂힌다.

"아빠, 주말 오후만이라도 쉬게 해주면 안돼요? 내가 뭐 공부기계냐구. 죽고 싶다구. 죽고 싶어. 정말!"

"고 3이 제정신이야? 너 때문에 엄마 아빠 고생하는 거 안보여?"

아, 후회스럽다!

'아들아, 미안타. 이제부터라도 널 진분수처럼 풀어 줄게.'

되돌아보니 살면서 종종 가분수처럼 능력을 벗어난 일을 하여 불행을 불러들인 일이 많았다. 때로는 아들의 경우처럼 다른 사람에게도 가분수 같은 짐을 지게 했다. 진분수처럼 분수에 맞게 살았더라면 나도 남도 행복하고, 더러는 행운도 따랐을 것을…….

진분수처럼 사는 삶. 자신의 능력보다 조금 덜 일하는 삶. 자신이 가진 것보다 조금 덜 욕심내는 삶. 이제부터라도 그렇게 살 일이다.

아이들은 지금 분수 문제를 풀며 무슨 생각을 할까?

'아이들아, 앞으로 세상을 살아가면서 진분수처럼 자신의 능력보다 좀 모자라다 싶게 분수에 맞는 삶을 살아가렴.'

아들의 학사경고와 첫 월급

올해 대학에 들어간 아들의 첫 성적표가 나왔다. 학사경고! 그것도 계절학기 수강으로도 보충하기 어려운 최악의 성적.

대학 입학하고 데이트 할 때 기죽지 말라고 지갑을 두둑이 채워주고, 승용차를 물려주고, 원룸까지 얻어줬는데……. 배신감마저 들었다. 홧김에 강제로 휴학계를 내게 하고, 군대라도 가라고 채근했다.

아들은 한 달여를 방황하다가 제자리를 찾았다. 내년 3월에 복학하기로 하고, 재수했다 여기고 올해만 시간을 달라고 했다. 그러더니 낮에는 컴퓨터와 영어학원에 다녔고, 밤에는 용돈 번다며 PC방 아르바이트를 했다.

아들이 아르바이트를 시작한지 한 달쯤 되던 날, 출근길에 아들이 말했다.

"토요일 저녁 시간 비워 두세요. 알바 첫 월급으로 저녁 쏠게요."

첫사랑 애인과 데이트 날 기다리듯 손꼽아 기다렸다. 토요일 저녁, 아들은 자주 가던 한정식 집으로 안내했다.

의식이라도 치르듯 앉아 있는데 예약한 음식이 나왔고, 주인장은 습관처럼 내 앞에 주문서를 놓았다. 옳다구나! 자랑 겸 말했다.

“주문서 아들에게 주세요. 오늘은 내가 내는 것이 아니라, 우리 아들이 아르바이트한 첫 월급으로 한턱내는 날이에요.”

주인장이 다시 집어 드는 주문서에 식대가 눈에 들어왔다. 내 한 끼 식사비용이 아들이 시급 오천원을 받으며 밤새워 일을 해야 치를 수 있는 값이라니.

짠하고 기특한 맛으로 음식을 먹었다. 나오는 음식마다 스님이 바리공양하듯 양념까지 말끔하게 비웠다.

‘학사경고 덕에 난생 처음 아들이 사는 저녁을 먹어 보는군!’

임금님 수랏상의 산해진미가 부럽지 않은 저녁식사였다.

우렁각시

어버이날 아침, 거실 탁자에 카네이션 화분이 보였다.

'분명 어제 밤까진 없었는데. 우렁이 각시라도 다녀갔나. 아들인가? 그럴 리 없지.'

새내기 대학생인 아들은 집을 떠나 먼 일산에 있다.

'그럼 누가?'

안사람과 이야기하다 이런 결론을 내렸다. 어제 장모님께서 마을 효도관광을 다녀왔다. 마을 부녀회에서 남은 회비로 카네이션 화분을 사서 어버이날 깜짝 이벤트를 했나 보다.

퇴근한 안사람이 카네이션처럼 환하게 웃는다. 카네이션 갖다 놓은 사람을 알아냈다며 맞춰 보란다.

"부녀회장 아니면 이장님."

"아니 울 아들."

아들이 새벽에 다녀갔단다. 일산에서 양평까지 차를 몰아 카네이션 화분을 놓고 갔단다. 엄마 아빠 곤하게 주무시는데 깨우기 뭐하고 아침 강의 시간 맞추려고 그냥 갔단다.

얼마나 오랜만에 받아보는 어버이날 선물인가? 아들이 초등학생일 때는 학교에서 색종이로 만든 카네이션이라도 받았다. 이후로 중·고등학교에 다니며 대학 입시 준비를 하는 아들의 달력에 어버이날은 없었다.

참으로 오랜만에 아들에게 전화를 했다. 수화기 너머 먼 일산에서 한달음에 달려온 아들 목소리.

"아빠, 길러주셔서 감사합니다."

수년 동안 듣고 싶었던 이 한마디. 보고픈 아들이 거실 탁자 위에서 활짝 웃고 있다.

연필 깎는 아버지 마음

어려서부터 미술에 소질을 보인 작은 아들이 미대 디자인과 입학을 준비하고 있다. 오늘은 기초 소양 실기 평가가 있는 날이다. 학교에 연가를 내고 아들 시험장에 동행했다.

삼십 명을 뽑는데 수천 명이 몰렸다. 높은 경쟁률에 아들이 긴장하는 눈치다. 주위를 둘러보니 수험생들 얼굴은 굳어 있고, 부모들은 자녀를 위해 어떤 이는 기도를 하고, 어떤 이는 격려를 한다.

대여섯 발치 앞 벤치에 앉은 아버지와 딸이 눈에 들어왔다. 아버지의 희끗한 반백의 머리와 딸의 까만 단발머리가 잘 어울렸다.

아버지는 연필을 깎고 있다. 딸이 실기 평가 그림을 그릴 때 쓸 연필을! 아주 천천히 깎고 있다. 칼날을 밀어내는 왼손 검지손가락의 속도에서 딸을 위하는 아버지의 마음이 전해져 왔다. 연필을 깎느라 가까이 한 두 손이 독일 화가 알브레히트 뒤러의 「기도하는 손」이란 소묘 그림처럼 보임은 왜일까?

괜하게 멋쩍은 나는 용돈이라며 5만원 짜리 지폐 한 장을 아들 손에 쥐어 주었다.

꽃누르미창

거실에 둘 고가구 문갑을 샀다. 불에 그을린 원목으로 못을 치지 않고 짜서 고풍스런 느낌을 준다. 격자형 창살에 빛바랜 창호지를 붙인 여닫이문이 마음에 든다.

문갑의 여닫이문을 살며시 열었다.

어린 시절, 알밤처럼 윤나는 우리 집의 대청마루가 보인다. 거기에 사십대 중반의 수수한 여인과 아이가 앉아 있다. 곁에 창호지와 풀그릇과 풀비를 놓아두고, 양은 쟁반엔 들국화 꽃누르미를 담았다.

어머니는 찬바람 이는 늦가을, 볕이 좋고 손이 쉬는 날에 창호지를 새로 발랐다. 이 일은 차례에 따라 나아가는 과정마다 볼거리와 놀이가 많았다.

해묵은 창호지를 떼어내는 것은 내 몫이다. 창호지에 구멍을 내서 혼났던 분풀이로 맘껏 구멍을 뚫어가며 떼어냈다. 젖은 걸레로 창살에 찌든 먼지를 닦아 내면 창호지 붙일 채비 끝. 풀칠

한 창호지 네 귀를 잡아서 문살에 척 붙이고 몽당비로 쓱쓱 쓸어 준다. 문틈으로 들어오는 게 황소바람이라며 자투리 종이로 문풍지를 달았다.

다음은 창호지가 울지 않게 팽팽하게 펴는 일이 기다린다. 바가지에 물을 한입 가득 머금고 품어낸다. 입에서 품어져 나온 는개비는 햇빛에 어려 금가루처럼 날리고 그 모습이 재미있어 보여 따라하지만, 입심이 없는 탓에 옷만 적신다. 화롯불 열기에 젖은 창호지가 말라 장구가죽처럼 통통 소리를 낼 때까지 한숨을 돌린다.

마침내 어머니는 창을 내신다. 문고리 옆의 창호지를 도려내고 손바닥만한 유리를 붙인다. 작은 창으로 내다보는 바깥 풍경은 요지경 속을 들여다보는 것처럼 재미나다. 마당에선 누렁이가 털신을 쥐 삼아 잡으며 무용을 뽐내고, 감나무는 수백 개의 빨간 네온등으로 마당을 환히 비춘다.

들국화 꽃누르미를 창호지에 심어 일을 마무리한다. 당신만의 구도와 여백으로! 심은 꽃 위에 도화지만한 창호지를 붙이면 예쁜 꽃밭이 생겼다. 창호지 속에 들국화가 자태를 뽐내는 동안, 장독대의 들국화는 찬서리에 고개를 떨구었다. 창호지 꽃밭은 다음해 들국화가 필 때까지 꽃향기를 풍겼다. 하얀 창호지에 햇살이 내려 앉으면 방바닥에도 그림자 꽃들이 피었다.

찬서리에 고개를 떨굴 꽃들이 아쉽다며 창호지에 꽃을 심던 어머니. 그때 어머니의 나이가 사십대 중반이었으니 꽃지는 것처럼 당신의 고운 청춘이 가는 게 서러워 꽃누르미창을 내셨을까?

어머니는 가을걷이로 아무리 바빠도 꽃누르미창을 내는 일은 잊지 않으셨다. 바쁘고 궁핍한 일상에서도 잠시 짬을 낼 수 있는 분이랄까? 어머니를 생각하면 조급하게 사는 내 모습이 측은하다. 늘 삶이 버겁다 바쁘다 핑계를 대며 산다. 어머니처럼 고달픈 삶 속에서도 이를 삭여내며 '꽃누르미창' 같은 여유를 내 삶의 창에 낼 수는 없을까?

늦가을이 찾아왔다. 세상의 모든 초목들이 하던 일을 내려놓고 있다. 나도 잠시 쉬어나 가볼까? 산자락의 들국화가 서리를 맞기 전에 꽃누르미를 해놓아야지. 칠순을 넘기신 어머니가 꽃누르미창을 낼 수 있도록……. 어머니는 사십대 중반의 여인이 되어 문갑 창에 꽃을 심고, 나는 아이가 되어 당신 곁에서 조잘대고 싶다.

양심 찾아 한 시간

아차 하는 순간! 퇴근길 골목에 세워 놓은 차를 긁었다. 반짝반짝 윤나는 새차인데 차주가 도색을 해달라면 목돈이 들어갈 흠집이 났다. 쪽지를 남기자니 바가지 긁을 아내의 얼굴이 언뜻 떠올랐다. 큼직하게 쓴 전화번호가 아내의 가계부에 적힐 숫자처럼 보였다. 내 헤픈 씀씀이 때문에 가끔 부부싸움을 했는데, 아내는 이 일을 핑계 삼아 용돈을 삭감할 게 뻔하다. 아내 얼굴과 쪽지 사이에서 갈등이 일었다. 주위를 흘끔흘끔 살펴서 보는 사람이 없는 것을 확인하고서야 쪽지를 슬그머니 주머니에 구겨 넣었다. 빨리 자리를 떠야겠다고 조급하게 차를 몰아 집 앞에 세웠다. 긁힌 범퍼에 묻은 상대차의 페인트 자국에 마음이 쓰인다. 범인이 죄를 은닉하듯 페인트를 닦아내고 도색 분무기를 뿌리니 감쪽같은 것이 아닌가.

현관문을 열고 들어서자 안전한 곳으로 피신한 것 같아 안심이 된다. 그 일을 잊기 위해서 소일거리를 찾았다. 신문을 뒤적

였으나 글이 눈에 들어오지 않았다. 어항에 물고기 먹이를 넣어 주고 화분에 물도 주면서 바지런을 떨었지만 일이 손에 잡히지 않는다.

'그 차가 불법 주차를 해서 내 차만 망가졌어. 내 차도 누가 긁어서 생돈 들여 고쳤잖아. 좁은 골목에서 서로 긁고 긁히는 거지 뭐.'

이런 저런 생각으로 스스로를 합리화하며 양심의 가책을 덜려고 노력했다.

시간이 빨리 지나 밤이 오길 기다렸다. 어두워지면 차주는 흠집을 발견하지 못할 것이고, 내일 일찍 출근을 하면 이 일은 시간 속으로 사라질 것이다. 거실 커튼을 걷고 해를 보았지만 오늘따라 해님이가 더디게 느껴졌다. 나도 모르게 베란다에 나가 골목을 훔쳐보고 있었다. 차주가 물증을 잡기 위해 내 차를 살피러 나올 것만 같았다.

다시 들어와 텔레비전을 켰다. 평소 좋아하던 프로를 했는데 눈은 텔레비전에 가 있지만, 귀는 골목길의 작은 동정에 신경이 곤두섰다. 아이들 노는 소리 지나가는 사람들의 발소리까지 생생하게 들려왔다. 평소에는 무신경하게 듣던 소리들이다.

'누가 차를 긁었어. 이 차가 그런 것 같은데, 차주 나와 봐.'

골목길의 여러 소리들 속에서 이런 고함 소리가 금방이라도 튀어나올 것만 같았다. 도둑이 제 발 저린다는 말이 이런 경우를 두고 하는 말인가 싶다. 안절부절못하는 내 행동이 아이들에게도 어색하게 보였나 보다.

"아빠, 왜 밖을 자꾸 내다보세요?"

"아니, 집 안 공기가 너무 탁해서 환기 좀……."

아이들 말에 얼른 둘러대는데 눈을 똑바로 쳐다보기가 민망해서 그저 허공에 대고 대답을 하고 말았다.

얼마 전, 우리 차가 긁혔을 때의 일이 떠올랐다. 출고한 지 한 달된 새차가 망가진 것이 내 몸 상한 것 같아 마음 아팠다. 거기다 전화번호도 남기지 않은 것에 더 화가 치밀었다. 아이들이 옆에 있는 것도 잊고 온갖 상소리를 했다. 남의 차 망가뜨려 놓고 도망갔으니 교통사고나 당하라면서 익명의 가해자에게 악담까지 퍼부었다. 아이들에게는 돈 때문에 양심을 팔면 절대 안 된다고 훈계까지 했으니…….

그때 내가 아이들에게 그런 말을 할 자격이 있었을까? 그것도 초등학교 선생님이 말이다. 이제는 익명의 사람에게 퍼붓던 욕이 나에게 돌아올 차례다. 그리고 내가 누군가에게 끼친 피해는 뫼비우스의 띠를 돌아 우리 아이들에게로 돌아올 것이다. '죄와 선은 대물림된다'는 말이 떠올라 더 초조해졌다.

결국 나는 아내를 데리고 방으로 들어가 아이들이 들어오지 못하게 문을 잠갔다. 무슨 일이냐며 걱정하는 아내에게 고해성사하듯이 그 일에 대해서 말했다.

"골목에서 차를 긁었어. 수리비 걱정에 그냥 왔지. 그런데 아이들 보기도 민망하고 마음이 편치 않아."

"당신은 죄 짓고는 못 살 사람이에요. 돈 걱정은 하지 말고 연락처 써 놓고와요. 그러다 속병 생기겠어요."

아내는 내 마음을 헤아려주고 위로해 주었다. 아내는 연락처 남기고 오면 두부 한모 넣어 김치찌개를 끓이겠다며 농담을 한다. 내 마음을 편하게 해주려는 아내의 배려다. 아내의 충고에 힘을 얻어 일어섰다. 종전까지만 해도 무엇에 쫓기다시피 들어왔던 현관문을 나서는 내 마음은 깃털처럼 가벼웠다.

죄수가 형기를 마치고 감옥 문을 나설 때 이런 기분일까? 씩씩하게 골목길로 걸어 나갔다.

주머니에 구겨 넣었던 쪽지를 꺼내어 반듯하게 펴서 차에 꽂았다. 한 시간 동안 구겨져 있던 내 양심이 다시 펴지는 순간이었다.

옹기와 들국화

어머니는 내가 팔 남매 중에서 돌아가신 아버지와 가장 많이 닮았다고 하신다. 내가 아버지와 닮은 것은 쏙 빼 닮은 외모뿐만이 아니라 유난히 들꽃을 좋아하는 면에서 그렇다. 닮고 싶지 않아도 닮을 수 밖에 없는 게 부모 자식간인지, 아버지가 하신 것처럼 나도 가을마다 들국화를 작은 옹기 항아리에 꽂아 둔다.

시월 중순의 어느 날, 퇴근하다가 호젓한 산길에 차를 세웠다. 옹기 항아리에 꽂을 들국화를 맞으러 가는 일은 나에게 연례 행사가 되었다. 몇 년 전에 발견해 둔 들국화 군락은 올해도 어김없이 황금색 여울물이 되어 산자락을 흐르고 있었다. 들국화는 머리 위에 노란 화관을 얹고 늦가을의 소슬바람에 향기를 날리며, 생을 마감하는 갈색 생명체들의 아쉬움을 달래려는 듯 고별 향연을 베풀고 있는 것 같았다.

나는 들국화들의 향연을 집에서도 즐기려는 욕심으로 흐드러지게 핀 들국화 밑동을 뚝뚝 분질렀다. 내가 욕심을 내어 들국화를 꺾는데는 이유가 있다. 옹기 항아리에 가득 꽂아 두고, 겨우내 들국화 차도 끓여 마시고 더러는 말려서 방향제로도 쓸 작정이기 때문이다. 한아름 꺾은 들국화를 승용차 뒷좌석에 싣고 집으로 향했다.

시원하고 싸아한 국화 향이 어느새 차안을 가득 메우고 국화 줄기에 휩쓸려 들어 온 곤충들도 손님으로 동행했다. 갈색 수의를 입은 메뚜기는 슬픔을 잊고 먼 여행길에 올랐고 작은 풍뎅이는 붕붕거리며 차안에 가을 하늘을 담아 왔다. 가을을 가득 싣고 집으로 돌아오는 길에는 들국화 향에 취해서인지 콧노래가 절로 나왔다.

현관문을 열자마자 들국화 한아름을 아내의 가슴에 안겼다.

“지난번에 생일 잊은 것 미안했어. 늦었지만 선물이야.”

“치, 이걸로 넘어가려고?”

하지만 아내는 행복한 모양이었다. 아내의 눈가에 어리는 촉촉한 물기를 보았다. 지그시 눈을 감고 국화 향을 음미하는 아내의 얼굴이 수수한 들국화를 닮았다. 아내는 장식장의 옹기 항아리를 꺼내 정성스럽게 닦은 다음 들국화를 꽂았다.

들국화는 역시 옹기 항아리에 꽂아야 제 멋을 낸다. 옹기와 들국화가 어우러지면 언제나 돌아가신 아버지가 떠오른다. 아버지는 옹기장이로 고단한 삶을 살다 가셨지만 소박한 멋을 아는 분이셨다. 아버지 물레 옆의 작은 옹기 항아리에는 가을마다 들국화가 피어났다. 들국화는 물레 소리를 운율 삼아 소담한 자태를 흔들며 새롭게 빚어지는 오지 그릇에게 인사를 건넸다.

아버지가 물레 위에 똬리쌓기한 흙을 태질로 뽑아 올려 옹기를 만드시는 동안 나는 찰흙을 조몰락거려 무언가를 만들며 아버지 말동무를 하곤 했다.

"아버지, 이 꽃 이름이 뭐예요?"

"들국화란다. 옹기 가마 뒤 동산에 가 보렴."

아버지가 일러주신 옹기 가마 뒤 동산은 온통 들국화 밭이었다. 어린 시절엔 그 많은 꽃을 모두 아버지가 심어 놓으신 줄 알고 그걸 꺾어 아버지가 만드신 작은 옹기 항아리에 꽂아 두었던 기억이 난다.

"솔이 찬이 아빠, 무슨 생각을 그리 골똘히 해요."

저녁상을 다 차린 아내가 어린 날의 회상에서 나를 깨웠다. 아내는 저녁상을 물리고 식구 수대로 들국화 차를 내 왔다. 찻잔 속에는 들국화 서너 송이가 동동 떠 있었다.

아내 생일 이후로 서먹했던 우리 부부는 오랜만에 마주 앉았다. 다정한 대화를 나누는 우리 부부가 보기 좋았는지 아이들도 다가와 앉아 꽃을 어디서 사 왔냐고 물었다. 산 것이 아니고 야산에 핀다고 알려 주었니 그곳에 가 보자고 한다. 이번 주말에는 가족들과 산자락에 가서 들국화가 베푸는 가을 향연에 동참해야겠다. 내가 어릴 때처럼 아이들도 들국화를 꺾어 옹기 항아리에 꽂아 두라고 하고 싶다.

"아빠, 이게 들국화 차지요?"

"그래, 향이 참 좋지?"

노랗게 우러난 들국화 차와 함께 우리 가족의 사랑도 가을처럼 농익는 저녁이었다. 그때 그 시절의 아버지와 같은 나이 또래가 된 내가 들국화와 가족들 사이에 행복하게 앉아 있다.

돌미나리

나는 봄 냄새 물씬 풍기는 돌미나리를 좋아한다. 이런 기호는 폭음을 즐기는 나의 술버릇에서 비롯되었다. 특히 올 봄에는 지나친 음주 때문인지 얼굴빛이 검게 변하고 자주 피곤함을 느끼게 되었다. 가까이 사시면서 날마다 우리 집에 들르는 장모님께서 내 안색을 살피더니 말씀하신다.

"아들 얼굴이 말이 아니네. 간에는 돌미나리가 좋다던데."

슬하에 딸만 셋을 두신 장모님은 나를 아들로 여기시며, 남들 앞에서 꼭 아들이라고 소개하시고는 뿌듯해 하신다. 이런 사위의 건강이 안 좋으니 당신도 걱정인 모양이다.

다음날 출근 시간, 돌미나리를 캐러 가시는 장모님을 모시고 일터인 양수리로 향했다. 나물이 제법 있을 만한 학교 근처의 들녘에 장모님을 내려 드렸다. 수업 중에도 내 마음은 들판을 서성였다. 퇴근하기 무섭게 차를 몰았다. 아침에 내려드렸던 곳에 가보았으나 어찌된 일인지 장모님이 보이질 않았다.

'혹시 들판에 쓰러지시기라도…….'

불안한 마음이 들었다. 한참을 헤매고서야 먼발치에 낮게 웅크리고 앉으신 장모님을 찾을 수 있었다. 장에 다녀오시는 엄마를 마중 나가듯 논두렁을 뛰었다.

"어머님! 어머님!"

"아들, 애썼지?"

"얼마나 걱정이 되던지. 고생하셨지요?"

안도감에 장모님 손을 덥석 잡았다. 억센 손마디는 흙이 묻어 더욱 꺼칠꺼칠했고 손톱엔 검푸른 풀물이 들어 있었다. 얼마나 억척스럽게 캐셨던지 자랑스럽게 펼쳐 보이는 보따리는 돌미나리로 가득했다.

장모님을 모시고 돌아오는 차안은 미나리에서 풍기는 봄의 향취로 가득 찼다. 몇 마디 말동무를 해 주시던 장모님은 어느새 곤한 몸을 누이시고 잠이 드셨다. 피곤하셨던지 다르랑다르랑 코까지 곯으셨다. 스웨터에서는 푸근한 엄마냄새가 났다. 실내거울을 장모님에게로 돌리니 얼굴이 눈 안에 꼭 들어와 박혔다.

평생 야채 행상으로 딸들을 거두시며 고생을 많이도 하신 분이다. 몇 해 전에는 장인어른 마저 앞세우시고, 아직도 막내딸 뒷바라지로 힘드신가 보다. 문득 장모님께서 살아오신 모습이 억센 돌미나리와 비슷하다는 생각이 들었다. 돌미나리도 언 땅 속에 뿌리를 박고 앉은뱅이처럼 낮게 기며 잎과 줄기를 키워내지 않던가?

집에 돌아오자 힘든 것도 잊으시고 시장에 낼 정도로 많은 나물을 정성껏 다듬으셨다.

“아들이 간이 나빠진 모양이다. 아침마다 생즙 내어 먹여라.”

내 건강을 챙겨주라고 아내에게 단단히 부탁하신다. 저녁 밥상엔 향긋한 돌미나리 무침과 돌미나리 꽁치 조림이 올랐고 후식으로 돌미나리 생즙이 나왔다. 몸에 좋다고 뿌리까지 캐셔서 흙이 질겅거렸지만, 이 조차도 장모님 사랑이었다.

봄철 내내 장모님의 미나리 캐기는 계속되었고 덕분에 나는 돌미나리로 몸을 보양할 수 있었다. 신기하게도 몸이 가뿐해지고 얼굴빛도 좋아졌다.

나는 장모님께서 들판에서 고생하시는 것이 죄스러워 말씀드렸다.

“어머님, 제가 이제 몸이 좋아졌으니 그만하세요.”

“아들! 내 몸 걱정은 하나도 안 돼. 바람 쐬는 게 좋아 그러는 거지.”

장모님은 핑계를 대시며 멋쩍게 웃으셨다.

오늘도 첫새벽 출근시간, 장모님께서 현관문을 경쾌하게 두드리신다.

“아들, 일어났는가? 어서 출근해야지.”

아직도 찬 땅 기운에 빨갛게 볼이 얼은 양수리 들녘의 돌미나리가 낮게 몸을 숨긴다.

누이를 묻고 와 누이를 먹는다

내가 가장 좋아하는 음식은 간장 게장이다. 이런 이유로 아내는 게 철이 되면 게장을 넉넉하게 담근다. 올해도 게살이 알찬 가을 어김없이 소래포구에 다녀왔다.

게장에 넣을 간장 달이는 냄새를 맡자 갑자기 큰 누이 얼굴이 떠올랐다. 누이는 내게 엄마 같은 존재였다. 누이 집에서 대학을 다녔고 학비도 누이 몫이었다. 중학생인 조카와 형제처럼 한방을 쓰며 공부를 봐주었다.

그 시절, 누이와 조카와 함께 장을 보러 갔을 때 자주 듣던 말이 있다.

"큰 아들이 엄마를 쏙 빼 닮았네."

그렇듯 나는 누이에게 큰 아들이었다.

누이가 담근 간장 게장. 아직까지 게장 맛 좋다고 입소문 난 어느 식당에서도 그 맛을 보지 못했다. 연평도 수협에서 근무하던 매형은 뭍으로 나올 때마다 게 상자를 들고 왔고 누이는 자신만의 비법으로 게장을 담갔다. 두 분 덕에 나는 비싸다는 게장을 원 없이 먹는 호사를 누렸다.

하지만 이제 매형은 게를 사 올 수 없고 누이도 게장 솜씨를 뽐내지 못한다. 두 분은 몇 년 전 피서지에서 예기치 못한 사고로 한날한시에 떠났다. 아버지 같은 매형과 엄마 같은 누이는 그렇게 허망하게 갔다.

사대독자 조카 내외와 누이 내외의 장례를 모시고 돌아온 날, 질부가 게장 한 접시를 내어 놓았다.

"삼촌, 게장 드셔 보세요. 어머님이 삼촌 오시면 주신다고 담갔는데……."

질부는 식탁에 게 접시와 눈물을 함께 차려놓았다. 누이가 나 주려고 담근 게장을 보니 누이 생각이 북받쳤다. 짭짤한 게장을 우물거리는데 짠물이 두 볼을 타고 하염없이 흘러내렸다.

누이를 묻고 와 누이를 먹는다.

불도장으로 찍은 이름

나는 묘한 습관이 있다. 누군가의 이름을 적을 때 그 사람의 얼굴을 떠올리고, 숨을 한번 고르고, 그를 위해 기도하는 심정으로 또박또박 적는다. 함부로 허투루 적지 않는다.

이 습관은 가슴 저미는 기억에서 비롯되었다.

누이 내외가 여름 휴가지에서 불행한 사고로 세상을 등졌다. 뭐가 그리 바빠 환갑을 앞두고 가셔야만 했나?

누이 내외의 장례식을 절차에 따라 진행하였다.

입관식入棺式에 가족들이 참례했다. 염습사殮襲士가 쑥물로 시신을 정결하게 씻겨 삼베 수의를 입혀 놓았다. 쑥향! 누이와 매형의 향!

'봄마다 쑥을 뜯던 누이야, 쑥떡이 맛있다던 매형아, 어디가?'

염습사는 입관 전에 고인과 마지막 인사를 나누라 한다. 조카는 부모의 얼굴에 제 얼굴을 부비며 하염없이 눈물을 쏟아낸다. 눈물이 두 분의 얼굴에 떨어지자 누이 내외도 눈물을 줄줄 흘린다. 사대독자 아들을 혼자 두고 어찌 가느냐고. 하도 애절하여 얼굴마저 푸르께하다.

시신을 입관하고 사이사이에 백지를 채웠다. 백지에 두 분의 평생 이야기가 빼곡하게 적혀 있는 것 같다. 매형이 삼십여 년 전 혼인할 때 사주단자로 누이에게 준 청실홍실을 가져왔다. 조카는 청실홍실을 반씩 갈라 섞어 누이와 매형의 손에 쥐어 드렸다. 이승에서 못한 백년해로를 저승에서 하시라고.

관 뚜껑이 덮였다. 조카는 장을 끊어내는 오열을 토해냈다. 염습사가 인심 쓰듯 관 뚜껑을 다시 열자, 부모님 얼굴에 이승에서의 마지막 입맞춤을 하고서야 물러섰다.

염습사가 조카에게 매직펜을 건네며 말한다.

"혹시 관이 바뀔 수 있으니 관에 부모님 이름을 쓰세요."

조카는 부모님의 이름을 한 자, 또 한 자, 다시 한 자, 혼신의 힘을 다해 적어 갔다. 한 획 그을 때마다 손이 떨리며 흐느낀다. 글자도 따라 운다. 이름을 적는 것이 아니라 관에 끌로 새기는 것 같다. 아니, 제 가슴에 다시는 적지 못할 부모님의 이름을 불도장으로 찍고 있다.

강봉수 김정우

아버지와 토끼발

교직원 회식 자리에서 나이 이야기가 오갔다. 한 선생님이 나이를 물었다.

“66년 백말띠입니다. 올해 마흔일곱이죠.”

“어, 난 54년 청말띠인데 띠동갑이군요. 66년 백말띠들이 홍역으로 많이 죽었는데. 김선생님은 용하게 살아남았네.”

어머니가 자주 하시던 말씀이 떠올랐다.

“니 아버지 너라면 깜빡 죽었지. 홍역 앓을 땐 또 어땠고 …….”

아, 아버지!

돌아가신 아버지는 우리 팔남매에게 그리 살갑지 않은 분이셨다. 그러나, 유독 여섯째인 나만은 끔찍하게 아꼈다. 그랬다. 어렸을 때, 읍내 장날이면 단둘이만 장을 보러 가서, 온갖 주전부리를 사 주셨다. 단골 대폿집에 꼭 들러 막걸리 한 주전자를 시키고는 술을 따라달라고 하셨다. 내가 따르는 술을 마시는 걸 정말 좋아하셨다. 지금 생각하니 여섯째가 술친구이자 말동무이자 그랬나보다. 벌이가 안 좋아도 명절 때마다 내 명절빔은 꼭 챙기셨다. 아버지는 항아리공장을 하셨는데, 혹여 일꾼 아들이 나를 때리기라도 하면 부자가 함께 와서 비는 일도 다반사였다.

아버지가 돌아가실 때까지 형제자매들의 질투를 많이 받았다. 요즘에도 명절 날 가족들이 모였을 때 아버지 얘기가 나오면 나를 편애한 수많은 일화들이 전설처럼 입에 오르내린다.

어릴 때는, 그런 이유로 고민을 한 적도 있다. 내 출생에 무슨 비밀이라도 있는 걸까? 어머니는 아버지가 젊은 시절에 바람기가 많아 작은 마누라를 둘이나 들여 속병을 많이 앓았다고 하셨다. '혹, 나를 아버지가 애잔하게 아끼던 작은 마누라가 낳은 건 아닐까?' 어릴 때는 혈액형을 따져보고 거울을 보며 어머니와 닮은 구석을 찾기도 했다. 얼굴 여기저기서 닮은꼴을 찾아내야 안심이 되곤 하였다.

내가 세 살 되던 해 홍역이 창궐했단다. 하루가 멀다 하고 마을 뒷산에 애총이 봉긋 봉긋 솟아오르는데, 내 몸에도 예쁘지 않은 그놈의 열꽃이 피어났단다. 먹장구름이 방바닥까지 내려앉고, 아버지는 젖먹이 아들을 밤낮으로 돌보았다.

물에 빠진 사람이 지푸라기라도 잡고 싶은 심정이었을까? 형제자매들에게 가재를 잡아오라고 독촉하셨다. 가재가 뒷걸음질을 잘 치니, 가재를 달여 먹이면 홍역이 가재처럼 뒷걸음질쳐 물러갈 거란 속설을 믿고. 하지만, 열꽃은 아버지의 간절한 바람을 비웃으며 더 활짝 피어났다.

아버지는 특단의 조치를 내렸다. 아버지가 경영하는 항아리공장 십여 명의 옹기장이들을 몇날 며칠 산으로 풀었다.

“토끼를 잡아 오게. 토끼를. 토끼 한 마리에 쌀 한가마니 줌세.”

절체절명의 벼랑 끝에 선 자식을 위해 적잖은 품삯을 내거셨다.

일꾼들은 토끼를 잡아 왔고 아버지는 토끼발을 약탕기에 정성껏 달여 먹였다. 그 시절, 뾰족한 의료시설이 없던 제천 두메산골에서는 홍역에 걸리면 토끼발을 다려 먹이는 게 민간요법이었다. 토끼발을 달여 먹이면 홍역이란 놈이 깜짝 놀라 토끼발을 달고 재빨리 달아나리란 믿음 때문이었을까?

그해, 토끼발이 진짜 약효가 있었는지, 아니면 아버지의 극진한 간호 때문인지, 홍역은 토끼발을 달고 마을 뒷산 애총들을 깡충깡충 뛰어 넘어 달아났다. 활짝 피었던 열꽃은 어린 목숨빛 한 가닥 남기고 딱지가 되어 뚝뚝 떨어졌다.

이듬해 제천 수산면 장날, 아버지의 손을 잡은 아이가 까치발을 하고 동동 뛰어 다녔다.

하나님의 축복

어머님께서 뇌졸중으로 쓰러지신 지 6년이 되어간다. 우측 대뇌 마비 증세로 왼쪽 몸을 못 쓰게 되었다. 거동이 불편하여 지팡이를 짚고 간신히 화장실 출입 정도만 가능하다.

뇌졸중 초기에는 갑자기 멀쩡하던 몸이 불편해진 것을 감당하기 힘드신지 "죽어야지." 하는 말을 입에 달고 사셨다. 짜증이 잦아지셨고 이로 인해 가족들도 덩달아 힘들었다.

하지만 요즘엔 달라지셨다. 뇌졸중 초기보다 낯빛이 밝아지셨고 명랑해 지셨다. 그러니 가족들도 덜 힘들다.

어머님이 이렇게 변하신 데는 건강하실 때 다니시던 교회의 목사님 말씀이 한 몫 했다.

"권사님, 마음을 편하게 가지세요. 이 병은 그래야 이겨요. 내 몸에 몹쓸 것이 들어왔다 하지 마시고, 이왕 이렇게 된 것 내가 병과 함께 산다하고 마음을 비워야 편해요. 금방 나을 병도 아니구요."

우리집은 명절 때마다 가족예배를 드리는데 기도는 늘 어머님 몫이다. 어머님의 기도는 매번 똑같다. 팔남매와 배우자, 자녀들의 이름을 하나 하나 불러가며 그 사람에 맞는 맞춤 기도를 해주신다. 오늘도 예외는 아니다 싶었는데 기도 말미에 그간 들어보지 못한 기도 말이 들렸다. 한 번도 들어보지 못한 당신에 대한 기도였다.

"……. 막내 아들 봉우에게 올해는 꼭 자식을 주셔서 하나님에게 감사하게 하소서 ……. 하나님 저를 축복해 주셔서 감사합니다. 제가 오른쪽 몸을 못 쓰는 풍을 맞았으면 말을 못해서 답답할텐데 다행히 왼쪽 몸을 못쓰는 풍을 맞아 자식들과 말을 하고 오늘처럼 기도를 할 수 있음에 감사드립니다."

성한 오른손

어머니가 뇌졸중으로 쓰러지신 후, 우리 형제자매들은 주말에 번갈아 가며 어머니 목욕을 시켜드리기로 약속했다. 내 차례가 되어 어머니를 양평 우리집으로 모셨다. 분당 큰 형네 아파트에 사시는 어머니가 양평의 산내들을 보며 잠시라도 갑갑증에서 벗어났으면 하는 바람에서다.

어머니는 내가 형제자매들 중에서 목욕을 최고 개운하게 시킨다고 하신다. 비법은 이렇다. 뇌졸중 초기에는 어머니도 여자인지라 손대기 뭐한 곳은 대충 씻겨드렸다. 차츰 그런 부분들이 얼마나 꿉꿉할까 하는 생각이 들자 눈 딱 감고 내 몸 닦듯 씻겨드렸다. 처음 몇 번은 부끄러우신지 자꾸 성치 않으신 몸으로 당신이 하신다고 고집을 피우셨지만, 곧 적응을 하셨다.

오늘도 평온한 모습으로 아들에게 몸을 맡겨주신다. 실력을 발휘하여 손가락 사이사이 발가락 사이사이까지 꼼꼼하게 때수건을 댔다.

그런데 참 이상하다. 다른 곳에는 때가 별로 안 밀리는데 오른손과 팔에서 유독 때가 많이 밀렸다. 그러고 보니 목욕 시켜 드릴 때마다 그랬다. 왜 그럴까? 오늘에야 답을 찾았다.

'아, 그렇구나! 어머님이 왼쪽 몸을 못 쓰는 우측 대뇌 마비 뇌졸중을 앓고 계시지. 그래서 오른손만 쓰실 수 있지. 그러니 성한 오른손이 성치 않은 다른 손발을 깨끗하게 닦았구나. 그리고 정작 중이 제 머리 못 깎듯 자신은 닦을 수 없었구나.'

멀쩡한 어머님의 오른손이 아픈 왼손보다 더 애잔하게 보여 더 정성을 다해 닦았다. 이제까지는 성치 않은 왼손이 더 애잔하게 보였는데 오늘은 아니다.

참 좋을 때

사십대 중반이 되니 머리가 반백에 가까워졌다. 희끗희끗한 게 영 지저분해 보인다.

사십대 초반까지만 해도 백발이 빛나는 어르신들이 부럽게 보였다. 백발에서 인생의 연륜이 묻어난다는 생각이 들었다. 백발이 바르셀로나 올림픽에서 황영조 선수가 쓴 월계관보다 더 멋있게 보였다면 과장일까?

염색하는 것이 자연의 순리를 거스르는 것처럼 보여 애초에 그런 건 안 하리라 마음먹었다. 나이 들며 흰머리 늘어가는 걸 자연스레 받아들여야지 했다.

흰머리가 새치 수준일 때는 봐 줄만 했는데, 그 수가 점점 불어나니 고민이 되었다. 초등학교 선생인 내 직업도 걸렸다. 아이들과 학부모가 나이 든 교사를 싫어한다는 말을 공공연히 들어온 터라…….

염색을 하기로 마음을 고쳐먹었다. 거울에 비친 까만 염색약을 뒤집어 쓴 모습에 꺼이꺼이 울고 싶어졌다. 마음은 아직도 이십대 청춘인데 뭐 하나 제대로 이룬 것 없이 어느새 이리 나이만 먹었나? 축구경기로 치면 후반전이 시작되고도 십분 쯤이나 지났다는 생각에 한숨이 나왔다.

이런 저런 생각을 하는데 삼십대 초반에 있었던 일이 떠올랐다. 작은 아들이 유치원 다닐 때 임파선 수술하던 날이다. 고 어린 것 목에 수술칼을 댈 생각을 하니 마음이 무거웠다. 수술하기 몇 분 전, 아들과 수술실 밖 의자에 앉아 수술에 대한 두려움을 줄여주려고 도란도란 말벗을 하고 있었다. 어린 아들은 수술이 뭔지도 모르고 연신 조잘댔다.

한참 수다를 떨다가 지루해졌는지 내 머리를 만지작거리며 장난을 쳤다. 머리 헝클어진다고 그만 하라면 더한다. 그러던 아들이 내 머리카락에서 새치 몇 가닥을 찾아냈다.

“아빠, 흰머리 났네. 텔레비전에서 봤는데 어떤 애가 아빠 흰머리 뽑아 주고. 하나에 100원씩 받았어. 잘됐다. 아싸! 돈 많이 벌게 생겼다. 흰머리 더 많았으면 좋겠다.”

아들은 머리를 이리 저리 젖히며 새치를 솎아 냈다. 100원, 200원, 300원 하며. 그 모습이 꼭 애미 원숭이가 자식 원숭이 이 잡아주는 모습 같았다.

아들에게 머리를 맡기고 복도 저편을 바라보는데 백발을 한 노부부가 걸어오고 있었다.

‘참, 보기 좋다. 백발에 곱게 늙으신 모습이…….’

노부부는 우리 앞에 서서 한참을 아들이 새치 뽑는 것을 구경하다 고놈 참 귀엽네 하시며 아들 볼을 한 번 꼬집고 말씀하셨다.

"참, 좋을 때다. 우리도 한때는 이랬는데. 언제 이리 백발이 되었노."

오늘 난데없이 십수 년 전, 병원 복도에서 찰나에 있었던 일이 또렷한 영상으로 떠오름은 왜일까?

질긴 사위질빵

팔월 중순에 들어서자 고추밭만 쳐다봐도 배부르다. 장마철 탄저병을 이겨낸 붉은 고추가 주렁주렁 달렸다.

장모님은 태양초를 만드신다며 어서 따라고 재촉한다. 태양초 만드는 일이 손이 많이 가는 일인데도 집에서 쓰는 고춧가루는 태양초만을 고집하신다.

덕분에 맛있게 매운 김치를 맛볼 수 있고, 맛깔스런 고추장에 반하고, 양념으로 쓸 고춧가루도 넉넉하다.

퇴근하자 기다렸다는 듯이 고추밭으로 이끄신다. 주렁주렁 열린 빨간 고추들. 한 포기에서 수십 개씩은 족히 딸 수 있다. 비료포대가 금방 가득 찬다. 고추 고랑에 쪼그려 앉아 걸으며 고추를 따고 있었다. 고랑을 가로지른 덩굴에 가로 막혔다. 가뜩이나 더운데 군일이라는 생각에 신경질적으로 걷어내려고 팔을 뻗었다. 하지만 꽃이 너무 예뻐 잠시 눈길을 주었다. '사위질빵'이란 덩굴식물이다.

이 식물이 사위질빵으로 불리게 된 유래가 생각났다. 옛날에는 가을걷이 할 때 사위를 불러 돕게 하는 풍습이 있었단다. 일꾼들과 똑같이 힘든 일을 하는 사위를 보는 장모 마음은 애처로움 그 자체! 장모가 일꾼들 눈을 피해 사위 지게의 짐을 슬쩍 덜어 내곤 했다나! 그걸 알아챈 일꾼들이 약해서 잘 끊어지는 덩굴을 가리키며 사위를 놀렸다. "이걸로 지게 질빵을 만들어도 짐이 워낙 가벼워 안 끊어지겠네 그려."

하얀 사위질빵 꽃이 옆 고랑에서 고추를 따시는 곱게 늙으신 장모님 얼굴을 닮았다. 장모님도 옛날 그 장모님들처럼 나를 극진하게 챙기신다. 철마다 된장 고추장 간장을 직접 담그시고, 태양초로만 김치를 담아 주신다.

오늘도 김선생은 장모님 사랑을 듬뿍 먹고 산다.

금이 간 시루

평소에 나는 라디오를 즐겨 듣는다. 가장 좋아하는 프로그램은 조영남 최유라가 진행하는 '지금은 라디오 시대'다. 두 사람의 재치 있는 입담과 편안한 진행이 마음에 든다.

오늘은 가수 조영남이 털어놓은 어머니 이야기. 아버지가 중풍으로 누우면서 어머니가 가족의 생계를 책임져야 했단다. 자식들을 거두기 위해 궁여지책으로 설탕 섞은 가짜 꿀을 만들어 팔았다고 한다. 어머니는 교회 권사님이었다. 가짜 꿀과 권사님. 전혀 어울리지 않는 두 낱말이 한 이야기에 들어 있다.

가짜 꿀 이야기를 듣고 나니 중학교 1학년 겨울방학이 생각나 먹먹해졌다. 아버지는 옹기장이를 십여 명이나 부리며 항아리공장을 운영하셨다. 하지만 간편한 플라스틱 용기가 나오고 산림녹화정책으로 땔감을 구하지 못하게 되자 파산을 했다. 어쩔 수 없이 작은 시루 공장을 혼자서 새로 시작하셨다.

항아리공장 파산이 병을 키웠는지 아버지는 시루 가마에 불을 몇 번 지피지 못하고 돌아가셨다. 마지막 유산으로 백여 개의 시루를 남겨두고. 항아리공장 사모님 소리를 듣던 어머니는 졸지에 시루 장사가 되었다.

어머니와 나는 손수레에 시루를 싣고 여러 마을을 돌며 팔러 다녔다. 다행히 아버지의 안타까운 소문을 들은 이웃들이 많이 사주었다. 한 달을 넘기지 않고 금이 가서 팔리지 않는 시루 십여 개만 남기고 다 처분했다.

우리 식구는 시루를 판 돈으로 추운 겨울은 버텨 냈지만, 오래지 않아 생활비가 바닥났다. 농사철이 아니라 날품팔이 일도 없자 어머니의 한숨은 깊어만 갔다.

며칠 후, 금이 가서 팔리지 않은 시루를 내어 놓고 뭔가 하고 계신 어머니를 보았다. 다가가니 멈칫 놀라셨다. 밥풀에 숯가루를 섞어 금이 간 시루를 때우고 계셨다. 나는 모르는 척 자리를 피했다.

어머니는 장날 시루를 팔아 양식거리를 사오셨다. 금이 간 시루를 금이 안간 시루로 속여 팔아…….

그때 어머니도 교회 집사님이었다.

자식들 배 안 곯리고, 추운 겨울 등 따숩게 하려고 하나님의 계명도 어길 수 밖에 없었던 나의 어머니!

돼지 뒷다리와 아버지

돼지고기 한 근 사러 정육점에 들렀다. 주인장이 마침 오늘 돼지를 잡았다며 고기가 신선하다고 했다. 정육점 천정 쇠갈고리에 매달려 있는 고깃덩어리들 사이에 실한 돼지 뒷다리가 보였다.

어릴 때 마을에서 구정을 며칠 앞두고 돼지 잡는 날이 떠올랐다.

“오동추야 달이 밝아 오동동이냐. 동동주 술타령이 오동동이냐~.”

거나하게 술에 취해 돌아오시는 아버지 노랫소리에 문밖으로 나갔다. 아버지 손에 들려있을 과자를 기대하며.

그런데, 과자보다 더한 것이 오고 있다. 먼 발치에 아버지와 돼지 뒷다리가 함께 걸어오고 있다. 돼지 뒷다리는 아버지 어깨에 척 걸터앉아 우쭐댄다. 고기가 귀하던 그 시절, 우리 팔남매는 구정 여러 날 동안 돼지고기를 배터지게 먹을 수 있었다.

나는 아버지에 대한 수많은 기억에서 이 기억을 떠올릴 때가 가장 좋다. 술주정에 신세한탄을 하거나 앓아누운 노쇠한 아버지의 기억이 아니다. 아내와 팔남매를 거뜬히 먹여 살리는 힘 있는 가장으로 기억되는 이 장면! 이후로 동네 사람들은 해마다 구정을 앞두고 돼지를 잡을 때마다 뒷다리 하나는 통뼈(아버지 별명)네 꺼라 했다.

아버지 어깨에 척 걸쳐진 돼지 뒷다리는 삼국지의 관우가 어깨에 걸치고 다니는 청룡언월도보다 더 멋져 보였다.

당당한 아버지와 못난 사위 놈

안사람이 전복과 막걸리를 사다 놨다며 퇴근하고 다른 데로 새지 말고 곧장 집으로 오란다. 그러지 않아도 방금 「돼지뒷다리와 아버지」란 새로운 수필을 써서 기분이 좋아 한 잔 하려던 참이다.

'역시 이심전심이네. 장가는 잘 갔어.'

전복살은 회로 뜨고 내장은 참기름에 짭조름하게 볶아 내 놓았다. 안사람이 따라 주는 막걸리에 행복이란 취기가 오른다.

안사람에게 방금 쓴 따끈한 수필 「돼지뒷다리와 아버지」를 읽어 주었다. 어릴 때 동네에서 돼지를 잡을 때마다 돼지뒷다리를 통째로 어깨에 걸치고 오시던 아버지에 대한 이야기다.

안사람이 수필에 대한 평을 한다.

"중국 수필가 주자청은 「아버지의 뒷모습」이란 수필에서 아버지 모습을 애잔하게 그려냈는데 자기는 수필에서 아버지를 당당하게 그려냈어."

취미로 쓰는 어줍지 않은 내 수필을 감히 주자청이 쓴 세계적인 수필과 견주다니 안사람 말이 감사할 따름이다.

"아버지에 대한 수많은 기억의 영상에서 초라했던 영상보다는 당당한 영상을 더 기억하고 싶은 거지. 맞지 자기야."

내 수필에 전적으로 공감하는 안사람 말에 장인어른에 대한 기억의 영상 한 편을 펼쳐냈다.

신혼 초에 살림은 궁핍하기 그지없었다. 창고를 개조한 허름한 단칸방에 세 들어 사는데 부엌 겸 현관이 흙바닥으로 되어 있어 쥐가 구멍을 뚫고 드나들었다. 오랜만에 딸네 집에 오신 장인어른이 시멘트로 미장일을 해서 흙바닥을 덮어 주셨다. 장인어른은 우리가 잘 사는 모습을 보여드리는 걸 기다려주시지 않고 그해에 돌아가셨다.

"난, 장인어른하면 시멘트 발라주시던 모습이 맨 먼저 떠올라. 그때 장인어른은 무슨 생각을 하셨을까?"

안사람이 바로 맞받아쳤다.

"무슨 생각은 무슨 생각. 딸 애지중지 키워 선생까지 만들어 시집보냈더니 못난 사위 놈 만나 쥐 드나드는 창고에 산다고 속으로 얼마나 우셨을까?"

나는 아무 말도 하지 못했다. 아니, 하기 싫었다. 애꿎은 막걸리 잔만 연거푸 비워냈다. 안사람은 슬그머니 안방으로 자리를 떴다.

'주말에 아산에 다녀와야겠다.'

향나무 목침

저게 뭐지? 학교 창고에서 예사롭지 않은 생김새의 나무 그루터기를 보았다. 기사님의 설명으로는 해묵은 향나무였는데 창고를 짓느라 베어냈다고 했다. 창고가 들어서고 십 수년이 지났으니 긴 세월동안 이 안에 있었다는 말도 덧붙였다. 내가 탐내는 눈치를 보이자 필요하면 가져다 쓰라고 하였다.

향나무로 무엇을 할까? 여러 날 궁리하다가 다가오는 어버이날에 어머니께 드릴 목침을 만들기로 했다. 옛사람들은 향나무 목침을 만들어 부모님께 드리면 장수한다는 믿음이 있었다. 이는 향나무가 이천년 이상을 사는 장수목이기도 하고, 목향木香이 정신을 맑게 해주기 때문에 생겨난 믿음일 것이다. 나도 옛사람들처럼 어머니께서 목향을 맡으며 맑은 정신으로 오래오래 사시라는 바람을 목침에 담기로 했다.

목침을 만드는 일은 많은 시간이 들 일이라 주말에 작업을 시작했다. 목공소라도 차릴 것처럼 연장을 새로 사거나 이웃집에서 빌려왔다. 우리 가족이 목침에 들이는 정성은 대단했다. 마치 고려시대 때 미륵불을 염원하며 바닷가에 향나무를 묻었다는 매향埋香의식 같다고나 할까? 나는 향나무를 톱으로 자르고 대패로 고르고 끌로 쪼아내는 일을 했고, 아내와 아들은 사포로 겉을 문질러 곱게 갈아내었다. 목침이 제 모습을 찾는 동안 거실 풍경은 매향의식이 열리는 바닷가를 연상시켰다. 톱밥은 바닷가의 모래처럼 깔렸고 나선형으로 말린 대팻밥은 조개껍질이 되었다. 사포에 갈린 나무 가루는 물안개처럼 뽀얗게 솟았다. 이틀 동안의 혼신의 노력으로 목침은 신비스러운 속살을 드러내며 나이테를 파도처럼 출렁거렸다.

참 묘한 일이다. 나이테를 세어보니 일흔 개가 넘는 것이 어머니의 연세와 비슷한 게 아닌가. 이제껏 잊고 살았던 어머니의 연세를 향나무 나이테가 일러주다니……. 향나무와의 만남이 우연이 아니라 필연이라는 생각이 들었다. 향나무가 자신의 삶터를 창고 자리로 내어준 것이나, 어머니가 자식들 뒷바라지로 평생을 희생한 것이 다르지 않으니 말이다. 나이테는 고르지 않은 간격으로 동심원을 그리면서 세월을 담고 퍼져 나갔다. 때로는 촘촘하게 때로는 성글게 반복되고 있었다. 가뭄이라도 만난 해에는 촘촘한 나이테를, 환경이 좋았을 때에는 성근 나이테를 키웠을 향나무. 어머니도 궁핍한 살림에 팔 남매를 키우실 때는 갈퀴자국 같은 깊은 주름살을, 자식들 잘 되어 당신 품 밖으로 나갈 때는 하회탈 같은 웃음살을 얼굴에 그렸을 것이다. 그간 바쁜 일상으로 앞만 보고 달리느라 어머니를 챙기지 못한 것이 죄스럽다. 향나무의 나이테가 내 종아리에 새겨져야 할 회초리 자국처럼 보였다.

어머니께 꼭 해드리고 싶은 말을 목침에 새기기로 하고 가족이 의논하여 복을 누리며 오래 사시라는 뜻으로 수복壽福으로 정했다.

'壽福'. 어설픈 서각 솜씨지만 어머니의 무병장수를 발원하는 마음으로 새겼다. 오목새김한 곳에 먹물로 색을 입히니 수복이란 글씨가 소원을 발하듯 도드라졌다. 마침내 목침은 매향의식으로 환생하신 미륵처럼 우리 앞에 형체를 드러냈다.

어버이날. 어머니를 찾아뵙고 아이의 손을 통해 목침을 드렸다. 아이가 목침을 만들 때의 일을 무용담처럼 이야기하자 고사리 손으로 험한 일을 어떻게 했냐고 하신다. 흡족한 손으로 목침을 쓸더니 베고 누우셔서 눈을 지그시 감고 작게 뇌인다.

"눈을 감으니 향기가 들리는구나."

눈을 감고 향기에 흠뻑 취하신다. 코로 맡는 것이 아니라 귀로 듣는다고 하신다. 아니 마음으로 느끼고 계신 것일 거다!

어머니는 당신 손자더러 목침 만드느라 고생했다며 함께 눕잔다. 그리고는 아이의 머리를 신주 모시듯 떠받들어 팔베개를 한다. 아이는 팔베개로는 성에 차지 않았던지 스웨터를 헤집으며 품속에 폭 파고 들었다. 아이가 가슴을 주무르자 며느리가 곁에 있는 것도 잊고 축 쳐진 젖가슴을 꺼내어 물어보라며 장난을 거신다.

그 모습에서 초등학교 시절에 어머니가 해주시던 팔베개가 떠올랐다. 매서운 겨울바람에 사시나무 떨 듯 학교에서 돌아오면 아랫목에서 꼭 품어 주셨다. 철 이른 물놀이로 오한이 났을 때도 반찬투정으로 아버지께 혼났을 때도 꾸중 대신 팔을 내어 주셨다. 어머니의 팔베개를 하고 있으면 세상에 부러울 것이 없었다. 중년인 지금도 세상일로 힘들어지면 가끔 팔베개가 그리워진다.

늘 바람막이가 되어 주셨던 어머니의 팔베개는 이제 너무 가녀리다. 여든을 바라보는 연륜에 연약한 몸은 더 이상 줄어 들 수 없을 만치 작아지셨다. 자식들에게 당신의 모든 것을 내어주시고 매미가 빠져나간 유충의 거죽 같은 모습이 안쓰럽다. 이제야 철이 들었는지 자주 찾아뵙고 팔베개를 해드리며 도란도란 말벗이 되고 싶다. 아니 내 몸으로라도 늙으신 어머니의 몸을 고이고 싶다. 하지만 마음뿐이다. 어느새 나도 그 옛날의 어머니처럼 아이의 팔베개가 되어 버렸으니 말이다.

'어머니, 당신 평생의 고단함. 아들 몸 대신한 목침에 얹으세요.'

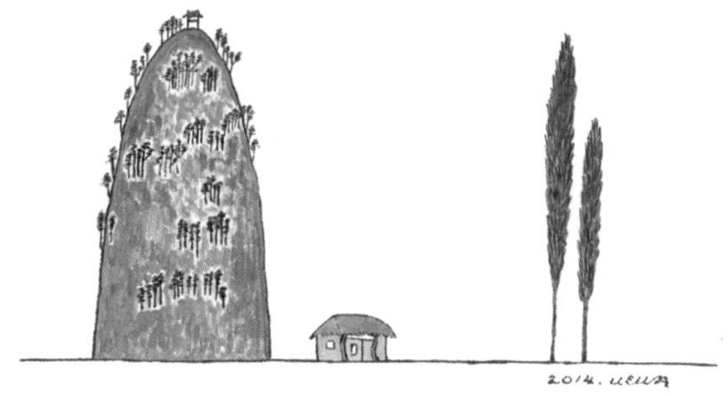

3부

전원일기

토끼 농부

토끼를 기르자는 아이들의 성화에 못이겨 마당에 사육장을 만들고 토끼 한 쌍을 사다 넣었다. 오래지 않아 토끼들은 한 배의 새끼를 낳아 대가족이 되었다.

어느 날인가, 토끼 먹이를 주는데 토끼장이 휑뎅그렁했다. 어미 토끼 두 마리가 바닥에 땅굴을 뚫어 달아난 것이었다. 먹이 먹을 때가 되면 돌아올거라고 대수롭지 않게 생각했다.

이틀 후, 이웃마을 황씨 할아버지가 찾아와 목청을 높이셨다.

"이 집 토끼가 콩밭을 망쳐 놨어."

"우리집 토끼가 그랬는지 보셨어요? 산토끼들이 그랬겠죠."

"이게 산토끼 똥이야, 산토끼 똥이냐구? 산토끼 똥은 갈색인데 이건 까맣잖아."

나는 할아버지의 치밀한 증거 제시에 할 말이 없었다. 할아버지는 더욱 기세등등하게 콩값을 물어내라며 으름장을 놓으셨다. 토끼가 제 발로 들어오길 기다렸으나 허사였다. 토끼들이 밤마다 콩잎 만찬을 즐기느라 성했던 콩 모종들도 차례차례 뜯겨나갔다. 피해가 더 커지기 전에 잡아야 했다.

궁리 끝에 이곳 토박이인 학교기사님에게 도움을 받기로 했다.

“내가 왕년엔 산토끼 꽤나 잡았었지. 산토끼잡이 그물을 써 보자구.”

우리는 해질 무렵에 치밀한 계획을 세워 토끼생포작전을 감행했다. 콩밭 주위에 토끼들이 숨어 다닐 만한 곳을 찾아 부비트랩을 설치하듯 그물을 쳤다. 콩밭가에 작전지휘본부인 텐트를 치고 밤새 보초를 섰다. 초조하게 몇 시간을 기다렸다.

드디어 새벽의 정적을 깨고 그물이 철렁거렸다. 그물에 엉켜 꼼짝 못하는 어미 토끼를 잡아서 토끼장 안으로 내동댕이치고나니 그간 속상했던 기분이 조금은 풀렸다. 결국 토끼생포작전은 하루만에 우리의 승리로 막을 내렸다.

토끼를 잡은 뒤에도 황씨 할아버지는 자주 들러 콩값을 물어내라며 심통을 부리셨다. 콩값 생각에 자주 밭을 둘러보았는데 계속되는 가뭄으로 남은 그루터기마저 말라가고 있었다.

‘가을에 콩값이나 물어 주자.’

콩밭에 대한 나의 미련은 이렇게 사그라졌다.

장마가 시작되고 장대비가 며칠이나 쏟아졌다. 혹시나 하는 마음에 콩밭을 살펴보러 나갔더니, 감사하게도 그루터기에 새 움이 돋고 있는 것이 아닌가? 오래지 않아 콩 포기들은 할아버지의 노여움을 비웃기라도 하듯 밭을 초록 물결로 만들며 너울거렸다. 가을이 절정에 접어들면서 콩꼬투리들은 통통하게 부풀었다. 콩잎이 누렇게 바래지자 황씨 할아버지가 콩을 뽑아 콩꼬투리를 말리려고 밭둑 여기저기에 뉘여 놓았다.

며칠 후, 도리깨를 준비해 온 할아버지는 마당 좀 빌려쓰자고 하셨다.

"할아버지, 가을걷이에 막걸리가 빠지면 되나요?"

막걸리 한 됫박을 단숨에 들이켜신 할아버지는 타작 노랫가락을 뽑아가며 흥겹게 도리깨질을 하셨다.

"에호 에호 에헤 마뎅이야. 에호 에호 에헤 마뎅이야."

"작년에도 풍년이고, 에호 에호 에헤 마뎅이야."

"금년에도 풍년일세, 에호 에호 마뎅이야."

할아버지의 도리깨질을 따라 콩들은 마당 여기저기를 뒹굴었다.

'데굴데굴 또르르르, 데굴데굴 또르르르.'

토끼들은 할아버지의 타작 노랫소리에 귀를 쫑긋 세우고 도리깨질이 신기한 듯 지켜보았다.

"할아버지, 작년보다 콩이 덜 나왔으면 물어드리지요."

"됐네, 이 사람아. 토끼들이 순치기를 잘해서 풍년이야. 내 평생 토끼가 농사 짓는 건 첨 봐."

"옛다, 농사 잘 지은 상으로 주는 거다. 이것 먹고 살 올라라."

황씨 할아버지는 마음 좋게 콩 서너 줌을 토끼들에게 던져주셨다. 그해 겨울 토끼들은 자신들이 농사 지은 콩깍지를 잘근잘근 쏠아내며 투실투실 살이 올랐다.

누렁이의 위령제

매제가 키우던 개를 우리 시골집으로 데려왔다. 교통사고를 당해 뒷다리를 다쳐 몹시 쩔룩대는 앙상한 몰골을 한 개였다. 이름을 물으니 누런 털 색깔 때문에 누렁이라 부른다고 했다.

“처남, 복날은 지났지만 잡아서 이웃들에게 인심이나 써요.”

시골 생활 초년생인 내가 닭도 아니고 개를 잡는 것은 내키지 않아 잘 치료해서 기르기로 했다. 나는 널빤지를 뚝딱거려 집을 만들어 주었다. 아이들은 자기들이 아끼던 옷을 깔아 주고, 식사 때마다 고기 반찬을 챙겨 먹이기도 했다. 그러나 우리 가족의 극진한 간호에도 불구하고 누렁이는 부러진 뼛속이 곪는지 바싹 야위어만 갔다. 보다 못해 동물병원에 데리고 갔으나 가망이 없다는 소리만 들었다. 의사는 교통사고로 으스러진 뼛속이 곪아 가고 있어 손 쓸 도리가 없다고 했다.

병원에 다녀온 뒤로 누렁이의 병은 점점 악화되었다. 밤이 깊으면 서글피 울어서 가뜩이나 외진 시골집을 더욱 스산하게 했다. 우리 집은 한여름 밤의 귀곡산장 같았고 가족들은 무섭다며 잠을 설치는 날이 많아졌다. 버거운 아픔을 참아내느라 애쓰는 누렁이에게 아무런 도움도 못 주고 지켜보기만 하는 것은 더욱 힘든 일이었다.

나는 힘든 결심을 했다.

'안락사를 시키는 거야.'

하지만 가족들에게는 나의 결심을 알리기가 두려워 비밀로 하기로 했다. 그저 지난번에 갔던 동물병원에 데려다 주었다고 얼버무릴 참이었다. 식구들 모르게 뒷동산에 있는 뉘 집 선산 언저리에 무릎 깊이만큼 구덩이를 파 두었다. 철사올무를 바지춤에 걸고 저승사자처럼 누렁이를 개집에서 끌어냈다. 신음소리를 내며 나오지 않으려고 발버둥을 치다가, 아픈 다리를 절룩거리며 내키지 않는 발걸음으로 질질 끌려왔다.

누렁이의 목에 올무를 씌우는 데 손이 덜덜 떨리고 머리카락이 꼿꼿하게 치솟는 것 같았다. 산목숨 끊는 게 쉬운 일이 아니었다. 누렁이도 오줌을 질금거리며 꼬리를 뒷다리에 감추고 부르르 떨고 있었다. 도저히 자신이 없어 올무를 다시 풀고 그냥 묻기로 했다. 모질게 마음을 먹고 누렁이를 구덩이에 밀어 넣었다. 나오기 위해 필사적으로 발버둥치는 녀석을 묵직한 돌로 눌러 놓고 허둥지둥 흙 몇 삽을 덮었다. 개운치 않은 마음으로 서둘러 산을 내려왔다.

누렁이를 묻고 며칠이 지났다. 잘 뚫린 길을 속도감 즐기며 차를 몰았다. 갑자기 검은 물체가 휙 튀어 나왔다. 개였다. 급하게 브레이크를 밟았다. 그러나 바퀴는 이미 작은 언덕을 넘어선 뒤였다. 순간 전기에 감전된 듯 온몸에 소름이 돋았다. 시간이 멈추어 버린 것 같았다. 그날의 충격으로 밤마다 가위에 눌려서 요를 땀으로 적시는 날이 잦았다.

엎친 데 덮친 격으로 아이들마저 독감에 걸려 앓아 누웠다. 며칠 후 형제애라도 보여주듯 둘 다 폐렴으로 입원했고, 증세가 너무 심해서 열흘 넘게 치료를 받게 되었다. 아내는 아이들 병수발하느라 여러 날 집을 비웠다. 식구들이 없는 외딴집은 그야말로 흉가였다. 세찬 겨울바람이 뒷동산의 솔가지를 지나며 누렁이의 진혼곡처럼 웅웅거렸다. 뒤숭숭한 기분을 달래려고 소주 몇 잔을 들이켰다. 갑자기 요즘 잇따라 생기는 불길한 일들이 누렁이의 죽음과 관계가 있을 거라는 섬뜩한 생각이 들었다. 구덩이 속 누렁이가 애원하며 바라보던 눈망울이 자꾸 떠올랐다. 소주 몇 잔에 숨이 가빠지고 가슴이 턱 막혔다.

'누렁이의 혼이라도 위로해 줘야지.'

술기운을 빌어 무서움을 잊고 뒷동산에 올랐다. 보름달이 훤해서 애총만한 누렁이의 무덤을 쉽게 찾았다. 가져간 소반 위에 제사상을 차렸다. 마른 오징어의 머리를 동쪽으로 향하게 놓고 제주를 올렸다. 공수한 손으로 넙죽 엎드려 정성껏 절 두 배를 올렸다.

'미안했다. 산목숨 그대로 묻어서……. 이제 편하게 저 세상으

로 가거라.'

누렁이의 무덤을 다시 파기 시작했다. 지난번에 눌러 놓은 돌을 꺼내어 던져 버렸다. 그간 가위에 눌려 답답했던 마음이 가벼워지는 느낌이었다. 구덩이 속에서 역겨운 냄새가 올라왔지만 참회하듯 일을 계속했다. 빛깔 좋은 황토 흙을 넣어 주고 선산자락의 좋은 뗏장을 떠서 봉분을 만들고 다독거렸다. 소나무 삭정이로 십자가를 만들어 꽂았다. 참 알량했지만 미안함의 표시였다.

정성들인 무덤 앞에서 남은 소주 서너 잔을 음복했지만, 이상하게도 무서운 기분은 들지 않았다. 오히려 무덤들이 친근하게 느껴졌다. 봉곳한 무덤들이 달빛에 어려 황금색으로 보였다. 선대부터 후대까지 계단식 논처럼 산자락 아래로 펼쳐지며, 생전에 살던 마을을 내려다보고 있었다. 가까운 친지들이 죽어서도 오순도순 한 동네를 이루고 사는 모습이 정겨워 보였다.

'누렁아, 저승에서는 뉘 집 선산을 지키는 개로 편히 살거라.'

밤공기가 쌀쌀하다고 느껴질 때쯤 산을 내려오는데 오를 때의 발걸음보다 훨씬 가벼웠다.

피나물꽃 1

나는 피나물꽃을 좋아한다. 가슴을 뛰게 하는 그 샛노랑 노란색이란! '샛노랗다.' 이 꽃의 색을 표현할 수 있는 언어가 우리말에 있다는 게 감사할 따름이다. 여태 봐온 노란색 중에서 가장 마음을 끄는 색이다.

피나물꽃은 미인을 닮았다. 번화한 거리를 걷다 사람들 속에서 미모가 돋보이는 여성을 보면 피나물꽃을 닮았다는 생각을 하곤 한다. 많은 사람들 속에 섞여 있어도 상큼한 얼굴 뒤로 후광이 비치는 여인. 피나물꽃도 맑은 광채가 나는 샛노랑 얼굴을 하고 있다.

꽃의 생태도 미인과 흡사하다. 사월에서 오월에 주로 축축한 계곡에 핀다. 꽃이 필 무렵은 온갖 활엽수들이 잎을 펼칠 때다. 그러니 계곡은 항시 어두침침하다. 피나물 군락지는 수만 개의 야광구슬을 흩뿌려 놓은 것처럼 보인다. 나무 그늘의 칙칙한 어둠 때문에 더 빛난다. 마치 미인이 평범한 사람들 틈에서 더 빼어나 보이는 것처럼.

나는 미모의 여성을 보면 왠지 모를 아픈 사랑을 간직했을 것 같은 상상을 하곤 한다. 아픔 없는 사랑은 없다는 생각에. 이 꽃의 이름이 피나물이다. 줄기에 생채기를 내면 빨간 핏물 같은 유액을 흘린다. 그렇기 때문에 붙여진 이름이란다. 실제로 피를 흘릴 만한 애절한 전설을 가지고 있다.

옛날에 봄나물을 뜯던 처녀가 벼랑 꼭대기에 핀 노란 꽃을 꺾다 발을 헛디뎌 벼랑 아래로 떨어져 죽었단다. 그 자리엔 선홍색 피가 흥건하고……. 해마다 봄나물 철이 되면 처녀가 숨진 자리에 노란 꽃이 한가득 피어났다. 나물을 뜯으면 꽃다운 나이에 삶을 놓은 그녀의 설움 같은 핏물이 맺힌다.

상상을 해본다. 처녀는 피나물꽃처럼 아름다웠을 게다! 그녀를 떠나보낸 동네 청년은 얼마나 가슴이 아렸을까? 청년은 봄마

다 피나물 꽃밭을 찾아와 처녀를 기억했을 것이다.

나도 봄마다 그 처녀를 떠나보낸 청년이 된다. 이 꽃이 필 무렵, 나만 아는 비밀스런 피나물 군락지를 자주 찾는다. 상냥한 얼굴 피나물 아가씨를 본 날은 나도 홍안의 청년이 된다. 칙칙한 중년의 곤색이 맑은 청춘의 샛노랑 색이 된다.

피나물꽃 2

출근길 아침에 보는 5월의 산은 연둣빛 향연이다. 세상의 모든 연둣빛 그라데이션을 뿜어낸다. 도토리나무의 희끄무레한 연둣빛, 자작나무의 앳된 연둣빛, 낙엽송의 산뜻한 연둣빛, 귀룽나무의 선명한 연둣빛, 소나무 새솔잎 진한 연둣빛. 산의 높낮이에 따라 자라는 나무들이 다르니 산은 연둣빛 오선지를 등고선에 그럴 듯하게 그려 두었다. 여기에 음표만 그려 넣으면 금세 교향곡이라도 연주할 기세다. 산이 그려 넣는 음표란?

퇴근길에 연례행사처럼 몇 년 전에 발견해 둔 피나물 군락지로 향한다. 해마다 이쯤이면 피나물꽃이 은밀한 자신만의 영토로 나를 이끌기 때문이다. 계곡은 오케스트라 공연장처럼 적당히 어둡다. 나는 비스듬한 계곡의 경사면에서 가장 잘 보이는 로열석 편편한 바위에 앉는다. 청중으로 초대된 사람은 나뿐만이 아니다. 이쯤에 피는 현호색, 애기나리, 괴불주머니와 산 속 뭇 짐승들도 함께 한다.

음악회가 시작되면 계곡의 샛노랑 수만 개의 음표들이 나풀나풀 날아올라 연둣빛 오선지 위로 사뿐히 내려앉는다. 계곡은 웅장한 교향곡 소리로 가득 찬다. 나는 지금 비발디의 사계 「봄」을 생생하게 감상하는 중이다.

피나물꽃 3

나는 봄마다 사람 발소리 드문 산골짜기에 피는 피나물꽃에 반한다. 이 꽃을 처음 봤을 때 반갑고 좋아서 눈이 번쩍 뜨였다. 샛노랑 색깔에 이끌려 나도 모르게 꽃잎에 코를 스쳤다. 샛노랑 꽃향기에 흠뻑 취하고 싶은 마음에……. '어, 향이 없네!'

어느 봄날, 나처럼 들꽃을 좋아하는 친구와 산행하다가 나눈 이야기가 생각난다.

"친구, 이 피나물꽃 좀 봐. 샛노랑 꽃잎 때문에 이 꽃을 가장 좋아 한다네. 향이 없는데도 마음을 빼앗기곤 하지……."

"향이 없는 꽃을 좋아한다. 묘한 꽃취미군? 난, 향이 짙은 찔레꽃을 좋아 하는데. 동서고금의 시인들은 한결같이 향이 없는 꽃은 지적인 아름다움이 없다고 노래했어."

내가 좋아하는 피나물꽃을 향기가 없다는 이유로 동서고금의 시인들까지 들먹이며 깎아내리는 친구의 말에 부아가 났다.

"향이 없으면 지적인 내면이 없다. 그거 궤변이군? 그럼 이 골짜기의 계곡 물에선 콜라 맛이, 이 공기에선 레몬향이라도 나야 겠군."

"하하, 자네 피나물꽃 편애가 심하군. 다른 꽃들이 서운해 하겠어."

사람들이 어떤 꽃을 좋아하는 이유 중 하나는 그 향 때문일 수 있다. 하지만 향이 없으면 어떠랴? 오히려 나만의 피나물꽃 향을 상상해 보는 즐거움을 얻을 수 있다. 솔바람이 부는 날이면 솔향을, 사랑하는 이가 향수를 페퍼민트로 바꾸었다면 그 향을 상상하면 행복할 일이다.

한 가지 향으로 살지 않는 피나물꽃이 더 사랑스럽다. 향이 없으니 오히려 순수하고 담백하게 자신을 성찰하는 것처럼 보인다. 벌, 나비가 오가지 않으니 고독하게 사색하는 모습이다. 자기 성찰과 사색으로 향을 무소유無所有한 것이 행복하다고 말하는 것 같다.

이 봄날에도 피나물꽃은 무미無味, 무향無香의 친구들과 함께 한다. 무미한 계곡물, 무향한 계곡의 공기, 그리고 피나물꽃. 아무것도 첨가하지 않은 원초적 아름다움을 뽐내는 세 친구를 내 마음대로 '無味香三友'라 일컫는다.

바지런함도 병인 양하여…….

식목일 즈음 퇴근 시간, 북한강 강변도로를 드라이브 한다. 줄지어 있는 벚나무 꽃망울에 눈이 갔다.

'한 이주 후면 흐드러지게 핀 벚꽃을 볼 수 있겠군!'

벚나무들 사이로 양평군 로고가 그려진 차와 한무리의 사람들이 보였다. '뭐하는 거지?' 벚나무 전지를 하고 있다.

'어, 곧 꽃을 피워야 하는데 왜 하필 지금 …….'

아쉬운 마음이 들며 「다정가多情歌」란 시조가 생각났다.

> 이화에 월백하고 은한이 삼경인제
> 일지춘심을 자규야 알랴마는
> 다정도 병인 양하여 잠 못 들어 하노라

시인은 '다정도 병인 양하여 잠 못 들어 하노라'라고 읊었는데 나는 이리 읊고 있다. '바지런함도 병인 양하여 벚나무의 마음

을 모르노라.'

시인은 배꽃의 일지춘심一枝春心을 노래하고 있다. 배꽃은 겨우내 꽁꽁 얼었던 몸을 풀고 가지마다 하얀 꽃을 피운다. 달마저 하얀 배꽃의 춘심을 닮아 하얀 얼굴을 하고 있다. 봄밤의 정서를 잘 표현한 시다.

벚나무 가지가 잘릴 때마다 '一枝春心' 이란 시구가 뚝뚝 떨어지는 느낌이다. 가지는 혹독한 겨울을 이겨내며 새봄에 상춘객들에서 고운 자태를 뽐내려고 얼마나 마음이 부풀어 있었을까?

'봄날 꽃나무 전지하는 사람들이여, 부디 꽃나무의 일지춘심을 알아주오.'

맨드라미길

6월말 불볕 더위에 차 에어컨을 빵빵하게 틀고 집으로 향하고 있었다. 길가에 며칠 전까지 없던 게 보였다. 양수리에서 부용리까지 족히 1km는 넘는 길가에 맨드라미 모종이 가지런하게 심어져 있었다. 벌써 몇 년째 보는 맨드라미 꽃길이 올해도 생긴 것이다.

'올 가을에도 맨드라미 꽃길이 예쁘겠는 걸!'

누가 해마다 이 꽃길을 만드는지 궁금해서 나름대로 예상을 해보았다. 규모로 볼 때 면사무소에서 공공근로 하시는 분들을 시켜서 심었을 거라 단정했다.

맨드라미 꽃길 끝부분쯤에 다다랐을 때다. 어르신 한 분이 쭈그리고 앉아 맨드라미 모종을 심고 있었다. 더운 날에 고생하신다는 생각에 생수병을 들고 내렸다.

"고생하시네요. 혼자 심으세요. 다른 분들은 어디가시고."

"내 꽃길인데 내가 심지 누가 심나? 벌써 며칠째 모종을 내고 있다네. 오늘 여기까지 심으면 끝나."

"저는 면사무소에서 공공근로 하시는 분들이 심는 줄 알았어요."

퇴직한 후에 고향에 내려와 소일거리로 맨드라미 꽃길을 수년째 가꾼단다. 수천 포기의 모종도 당신의 밭에서 손수 길러내신다고 하셨다.

"몇 포기 얻을 수 있을까요? 우리집 화단에 심게요."

맨드라미를 화단에 심고 물을 흠뻑 주었다. 좋아하기는커녕 고개를 숙이고 딴청을 피우더니 나에게 이리 말한다.

'이 집 화단 말고, 사람 많이 다니는 큰 길가에서 맘껏 뽐내고 싶었는데…….'

풀꽃으로 보일 때

전원주택을 짓고 내 정원에 갖가지 꽃을 가꾸는 상상을 얼마나 많이 했던가. 이런 차에 나만의 정원이 생기니 꽃과 열애에 빠질 수밖에. 정원에 온갖 꽃들을 가꾸기 시작했다. 근동에 있는 화원을 뒤져 맘에 드는 꽃을 구해다 심거나, 전원생활 선배인 지인들과 이웃집에서 분양을 받기도 했다.

그리고는 황제가 제후에게 봉토를 나누어 주듯 종류별로 꽃밭을 만들었다. 여기는 하늘말나리나라, 저기는 벌개미취나라, 요기는 금낭화나라, 조기는 매발톱꽃나라……. 일주일이 멀다하고 꽃제후국은 늘어갔다. 새로 생긴 꽃제후국마다 황제가 하사품을 내리듯 비싼 화훼용 비료를 뿌려주고, 침략한 잡초들은 가차없이 물리쳐 주었다.

애지중지 가꾸어도 이듬해 봄이 되면 문제가 생긴다. 꽃들과 잡초와의 영역 다툼으로 봉토를 나누어 준 의미가 없다. 꽃들은 발 달린 동물처럼 이리저리 섞여서 나고 더러는 추위에 얼어 죽어 자취를 감춘다.

가장 큰 문제는 잡초와의 영역 다툼이다. 대다수의 꽃들이 사람 손에 길들여진 탓인지 야생성이 강한 잡초와 영역 다툼에서 패하기 일쑤다. 자기의 봉토를 잡초에게 빼앗기고 집시처럼 몇 포기 정원을 떠돌다 사라진다.

다시 찾아온 봄, 나는 어리석게도 꽃제후국 만들기를 계속한다. 하지만 예년과 마찬가지로 실패를 맛본다. 이들의 영역 다툼은 내가 꽃에서 잠시 한눈을 팔면 어김없이 잡초의 완승으로 끝난다.

공들인만큼 보람이 없으니 서운한 마음에 꽃들을 잠시 외면한다. 이럴 때쯤, 잡초가 풀꽃으로 보인다. 전원생활에 내공이 쌓여가는 증거랄까? 작아도 너무 작은 별꽃, 너무 흔해서 없는 줄 알았던 계란꽃이 보인다. 뻐꾹채가 필 무렵엔 뻐꾸기가 울고 물봉선이 피면 장마가 가깝다는 걸 알게 된다.

꽃을 가꾸면서 잡초에 대한 생각이 바뀌었다. 내가 집을 짓기 전에 이 정원은 잡초들의 영토였다. 잡초들은 주말마다 꽃의 노예가 되어 자신들을 뽑아내느라 고된 노역에 시달리는 내가 얼마나 하찮게 보였을까?

잡초! 나태주 시인의 시어처럼 이제는 풀꽃이라 하련다.

풀꽃

나태주

자세히 보아야
예쁘다

오래 보아야
사랑스럽다

너도 그렇다

안사람의 첫 농사

도시생활을 접고 양평으로 내려와 전원생활을 한 지 십육 년째다. 농촌 태생으로 텃밭 가꾸는 일을 취미로 하는 나와 달리 서울 태생인 안사람은 농사일에 무지하다. 해마다 농사를 지어도 씨앗 한 번 뿌려 보겠다고 관심을 보인 적도 없다.

그랬던 안사람이 올 봄엔 생전 안 하던 일을 했다. 텃밭에 고추모종을 내려고 땀을 흘리며 삽질을 하는데 안사람이 나왔다. 내심 시원한 음료수라도 기대했는데, 아니다.

지난 겨울, 호박죽을 쑤어먹고 재미삼아 챙겨둔 호박씨를 들고 나왔다. 자기도 호박 농사를 짓는다며 정원 여기저기에 생각나는 대로 심고 다녔다.

"그만해. 그런 데다 심어봐야 정원만 어지러워져. 거름기도 없고, 다져진 땅이라 자라지도 못해."

안사람은 내 말엔 아랑곳하지 않고 훼방 놓듯 그 일을 계속했다. 심기가 불편했지만 농사일을 모르는 사람이 하는 일이니 그냥 뒀다.

생각해보니 안사람이 농사일에 무심했던 일이 또 있다. 신혼 초에 도시의 단독주택에 세 들어 살 때다. 나는 농사일이 그리워 옥상에 스티로폼 상자로 채소밭을 만들었다. 근처 야산에서 등산 배낭에 흙을 져 나르느라 등골이 휘는 줄 알았다. 그렇게 공들여 만든 스티로폼 상자 텃밭이 10개 쯤. 거기에 집에서 필요한 웬만한 채소는 다 심었다. 상추, 고추, 대파, 아욱 등.

어느 주말엔가 안사람은 삼겹살 파티를 하자며 장을 봐왔다. 장바구니에는 삼겹살과 함께 상추와 풋고추가 넉넉하게 담겨 있었다. 휴! 할 말을 잃었다. 내가 옥상에 채소를 가꾸는 것을 알면서도 한 번도 올라와 보지 않더니……. 농사 솜씨를 자랑하려던 나와 첫 수확을 기다리던 상추랑 고추만 서운하게 됐다.

그랬던 안사람이 호박 농사를 다 짓다니! 7월 어느 날, 정원을 거닐다 호박 덩굴을 보았다. 내가 아끼는 범부채꽃 밑동에 심는다고 잔소리했던 그 호박씨?

하지만 그 모습은 죽지 못해 사는 몰골이었다. 애처로운 마음에 안사람 몰래 호박 뿌리 주위에 구덩이를 파고 비싸다는 천연비료를 넉넉하게 묻었다. 가끔 특식으로 유통기한이 지난 우유를 물에 타 주기도 했다.

이걸 모르는 안사람은 자기가 심은 호박이 잘 자란다며 봄에 내가 한 말이 틀렸다고 큰소리친다. 애착이 가는지 자주 들여다본다. 하지만 수꽃만 무성할 뿐 애호박이 달리는 암꽃은 볼 수 없었다.

추석을 앞두고 드디어 암꽃이 피었다. 암꽃이 달고 있던 탁구공만한 애호박은 쑥쑥 자라 호박전을 부칠 정도로 커졌다. 전원생활 십육 년 만에 안사람이 지은 첫 농사. 애호박 한 개. 호박전 부치자는 말을 꺼냈다가 혼쭐났다.

안사람이 능숙한 농부처럼 한 마디 한다.

"호박 농사는 내가 자기보다 잘 짓지. 늙혀서 호박죽으로 동네잔치 할거야. 씨는 받아 두었다 내년에 다시 심어야지……."

달구덩이산

수리마당길. 새롭게 바뀐 우리 집 도로명주소다. 우리 동네 옛 지명인가 보다. 유래가 궁금하여 여기에서 나고 자라셨다는 구순 어르신께 여쭈었다.

"옛날에 독수리가 마당에 있는 닭들을 자주 채갔어. 마당에 나온 걸음마 아기까지 채갈까 무서웠지. 그래서 수리마당이라 했나봐."

믿기지 않았다. 동네에서 독수리를 본 적이 없기 때문이다. 옛 사람들이 매를 허풍스럽게 독수리라고 했을 거라 생각했다.

놀랍게도 며칠 전에 하늘을 나는 서너 마리 독수리 떼를 보았다. 어찌나 큰 지 펼친 날개가 어른이 팔 벌린 정도나 되었다. 어르신 말씀이 맞구나!

이번에는 앞산 이름의 유래가 궁금해졌다. 얼마 전에 길도우미로 집주소를 검색했더니 우리집 앞산이 '달구덩이산'이라고 떴다. 조선시대 오성과 한음에서 한음 이덕형 선생 묘가 있는 산이기에 특별한 유래라도 있을 것 같았다.

어르신을 다시 찾았다. 안타깝게 어르신도 산 이름의 유래까지는 모르겠다고 하셨다. 참 예쁜 산이름이라는 것으로 위안을 삼았다.

유레카! 오늘밤 내 스스로 산 이름의 유래를 발견했다. 저녁 늦게 양수리장에 다녀오다 알았다. 양수리에서 집으로 차를 모는데 달구덩이산 위에 보름달이 휘영청 밝았다. 검은 산의 실루엣과 그 위에 뜬 보름달이 고스톱의 팔광패를 연상시켰다.

신기한 광경이었다. 달구덩이산으로 가까이 다가갈수록 밤하늘의 보름달이 산봉우리로 점점 내려앉다가 산등성이 뒤로 쏙 숨어버렸다. 마치 산 뒤에 우리집이 있는 백록담 모양의 분지로 내려앉았을 거란 착각이 들 정도였다.

'아, 구덩이는 분지인 우리 동네겠지? 이래서 달구덩이산이라 불렀구나!'

그 이름을 처음 붙인 옛사람은 분명 우리 동네에 살았을 게다. 양수리 5일장에서 막걸리를 걸치고 집으로 오는 밤길에 이 광경을 보았을 거다. 나처럼. 그리고 달이 산 뒤에 있는 우리 동네 오목한 분지에 둥지를 틀었다고 상상했을 거다.

이 밤 달구덩이산 어디쯤 묻혔을 옛사람과 막걸리라도 한 잔 걸치고 달을 품고 자야겠다.

채소는 내가 키우는 것이 아니다

나는 농사를 잘 짓는다고 자부한다. 원래 농촌 태생에다 전원 생활을 하며 십수 년 텃밭을 가꾼 경험도 한 몫 한다. 어느 작물이든 풍작을 이루는 나만의 농법은 이렇다. 밑거름을 넉넉히 한 땅을 깊게 갈아엎고 씨앗을 심는다. 자라는 동안 가끔 덧거름을 주고 북을 두둑이 주고 제때에 물을 주면 된다.

이웃집 농사에 참견을 할 정도의 자만심도 생겼다. 내가 가꾸는 채소들은 나에게 기대어 자라고, 내가 손을 놓는다면 이들은 온전히 자라지 못할 거라 생각했다.

십여일 여행을 다녀올 일이 생겼다. 여행지에서 본 뉴스에서 양평이 극심한 가뭄으로 농작물이 타들어간다는 소식을 접했다. 애지중지 가꾸던 텃밭의 채소가 걱정되어 일정을 앞당겨 집에 돌아왔다. 곧 말라죽을 몰골로 물을 달라고 아우성치는 채소들을 떠올리며 텃밭으로 향했다.

하지만, 채소들은 튼실한 잎줄기를 뽐내며 찌는 더위에도 당당했다. 그까짓 가뭄 정도는 하나도 두렵지 않다는 모습이다.

'아, 내가 채소를 키운 것이 아니구나. 더구나 햇볕이, 흙이, 물이 키우는 것도 아니구나. 채소는 스스로의 의지로 자신을 키우는구나!'

나무 제사

요즘 솟대 만드는 재미에 푹 빠져 앞산을 헤매고 있다. 며칠째 표고버섯목으로 쓸 참나무를 베고 있는데 거기에 가면 솟대 만들기에 안성맞춤인 나뭇가지를 쉽게 구할 수 있다. 오늘도 그리로 발길을 두었는데 낯선 풍경을 보았다.

산판에서 가장 큰 아름드리 참나무 앞에 섰다. 굴참나무 종류였는데 수백 년생은 되어 보였다. 나무의 크기와 범상치 않은 생김새에서 느껴지는 위용과 기품에 기가 눌렸다. 이 산 모든 참나무들의 어머니같아 보였다.

실제로 자신의 도토리 열매를 퍼트려 산 전체를 참나무 산으로 만들고, 바람 부는 날이면 참나무 가족들 모두와 참나무 잎사귀로 깔깔 웃으며 온 산을 흔드는 놀이를 했을 수도.

아름드리 나무의 가슴 높이에 왕이 내리는 사약 교지 같은 새끼줄이 둘러 있고, 누런 지폐 여러 장이 꽂혀 있었다. 나무 밑동에는 막걸리 병이 보였다.

'산판 인부들이 큰 나무에 함부로 톱대는 것이 두려워 제를 올렸나보다.'

아름드리 나무는 자신보다 늦게 태어난 다른 참나무들이 모두 다 베어지는 걸 목도하고서야 엔진 톱날이란 폭력 앞에 자신을 맡길 것이다. 사람들에게 자연을 두려워하고 경외하라는 서슬 퍼런 말을 남기고…….

못 생긴 돌

전원주택을 지으면서 전망 좋은 집을 지을 욕심에 석축을 쌓아 집터자리를 많이 높였다. 덕분에 근동에서 전망 좋고 석축 멋있는 집이란 평을 듣는다. 덩달아 나도 손님들에게 자랑을 늘어놓는다. 석축 쌓는데 돌값만 수천만원 들였다느니, 돌 중에서 가장 비싸다는 충청도 온양석이라느니, 비가 온 다음에는 푸른 옥색을 띤다느니…….

어젯밤에 반가운 비가 내렸다. 약속한 듯이 정원으로 나섰다. 온양석의 검은 돌띠가 옥색을 띠기 시작했고 사이사이 흰색 돌띠도 마블링처럼 선명하게 보였다.

'우리에게 들인 돈 하나도 아깝지 않죠?'

돌들이 이렇게 속삭이는 듯했다.

그때 온양석 사이사이에 박힌 못 생긴 돌들이 보였다. 어디서나 흔히 볼 수 있는 막돌. 이 돌들이 석축의 일부로 쓰이게 된 사연은 이렇다. 전원주택을 짓기 위해 예전에 화전이었던 이 땅을 샀는데 밭을 일구는데 걸림돌이 되었을 덩치 큰 돌들이 여기저기 있었다.

집을 짓기 위해 터를 다질 때다. 이 돌들을 본 석축업자는 쓸모없는 돌이라며 집터나 다져지게 깊숙이 묻자고 했다. 어차피 석축으로 사용할 돌과 정원석은 최상품인 온양석으로 예약해 두었으니 말이다.

그러라고 말하고 돌아서는데 썩 내키지 않았다.

'원래 이 땅 주인인 돌들인데…….'

숙연한 마음에 다시 말했다.

"이 돌들 묻지 말고 석축 쌓을 때 온양석과 함께 쓰세요. 모양새가 좀 빠지더라도."

석축업자는 막돌 몇 개 섞어 애써 조경을 망치려 한다며 뭘 몰라도 한참 모른다고 빈정거렸다. 몇번 더 나를 설득하다 나중에 맘에 안 들어도 다시 쌓는 일은 없기로 하고 일을 마무리했다.

비를 맞아도 옥색을 띨 수 없는 막돌.

석축업자 눈에는 석축 조경을 망치는 천덕꾸러기처럼 보였을지 모른다. 하지만 내 눈에는 우리집 석축의 아름다움을 살리는 장식품 돌처럼 보인다.

플라타너스 기둥

도시생활이 싫어 전원생활을 시작한지 오래된 나는 오늘처럼 도시에 볼일이 있어 나온 날은 심하게 울렁증이 인다.

도시에서 가장 보기 싫은 것을 꼽으라면 전지를 한 플라타너스 가로수다. 가뜩이나 을씨년스러운 늦가을에 팔다리를 잘린 것처럼 심하게 전지를 당해 몸통만 우뚝 서 있다. 그걸 보노라면 다져지는 산낙지처럼 사지가 뒤틀리는 느낌이 든다.

물론 이러저러한 이유로 심하게 전지를 했을 것이다. 가로수 위에 있는 전선에 나뭇가지가 걸리기도 하고, 길가 상점에 햇볕을 가리기도 하고, 낙엽을 너무 많이 떨구기도 했을 것이다. 하지만 해도 해도 너무 했다.

각박한 도시사람들은 이 나무를 플라타너스 나무가 아니라 플라타너스 기둥이란 이름이 더 어울려보이게 만들어 놓았다. 사람이 나무에게 지켜야 할 최소한의 알량한 예의마저 없이 새 한 마리가 앉을 작은 나뭇가지 하나 허락하지 않았다.

빨리 일을 마치고 앉을 나뭇가지가 지천으로 널린 양평 내 집으로 가야겠다. 플라타너스 기둥들도 새들도 함께.

철 좀 드세요

3월의 끝자락 양수리 부용산에 올랐다. 생강나무꽃도 피고 진달래꽃도 피었다. 어, 이상하다! 생강나무꽃과 진달래가 동시에 피다니. 하산 길에 다다른 산골 마을은 그야말로 꽃대궐이다. 생강나무꽃, 산수유, 개나리, 진달래, 벚꽃까지 한꺼번에 피었다. 내가 이 나이까지 봄꽃을 보아온 경험으로는 생강나무꽃이 이른 봄 가장 먼저 피고, 다음에 산수유가 바지런을 떨고, 개나리, 진달래가 뒤를 잇고, 벚꽃이 봄꽃의 대미를 장식하였다.

올해는 경쟁하듯이 너도 나도 뒤엉켜 꽃망울을 터트렸다. 꽃들이 자기만의 개화시기를 잊고 두서없이 피었다. 꽃대궐을 걸으면서 눈은 아름다운 꽃에 취하고, 코는 향기에 취하는 데 머리로는 걱정이 앞섰다.

며칠 전 뉴스 보도가 생각났다. 기상관측 이래 3월에 중부지방에서 벚꽃이 핀 것은 처음이라고 했다. 지구온난화로 인한 고온현상이라고도 했다.

지구온난화가 봄꽃들의 생체시계까지 교란시켰나보다. 봄꽃들이 사람들에게 화석연료 사용을 줄이라고 농성이라도 하는 걸까?

사람들의 환경에 대한 무지가 애꿎은 봄꽃들을 '철부지'로 만들어버렸다. 그야말로 철을 모르는 식물로 만들어버린 것이다.

진짜 철부지는 봄꽃들이 아니라 사람들인데 말이다. 봄꽃들이 사람들에게 이렇게 말하는 것 같다.

'제발, 지구별 생태계 좀 생각해서 철 좀 드세요.'

꽃도둑

정원에 작약꽃이 피었다. 또렷한 진홍색과 옅은 분홍색으로 핀 꽃이 발을 묶고 눈은 붙들어 맨다.

이 꽃을 우리집에 식구로 들인 것은 작년이다. 학교 화단에 핀 꽃을 보고 아름다움에 감탄사를 연발하다 퇴근길에 집이 아닌 화원으로 향했다. 적지 않은 돈을 주고 열두 포기를 사서 볕이 잘 드는 곳에 가려 심었다. 꽃이 진 것을 심었기에 한 해를 기다려야 하는 아쉬움이 있었다.

봄에 붉은 새순이 돋을 때부터 꽃 볼 날을 손꼽아 기다렸다. 꽃봉오리가 통통하게 부풀어 오른 오월 중순의 여러 날이 왜 그리도 긴지. 며칠 지나지 않아 꽃망울을 팡팡 터트리기 시작했다. 그 고혹적인 자태! 출근시간마저 늦게 만들었다.

'어, 작년에 분명 열두 포기를 심었는데 두 포기는 어디 갔지?'

꽃밭 귀퉁이에 파헤쳐진 흙구덩이가 보였다. 누군가 파간 흔적이다.

‘남의 집 정원까지 들어와 꽃을 파가다니.’

방금 전에 꽃을 보던 평화로움은 사라지고, 도둑이 들었다는 불안감과 분노의 마음이 가시처럼 돋았다.

출근하는 길 애써 마음을 추스르고 차오디오를 켰다. 마침 좋아하는 가수 조영남 씨가 모란동백이란 노래를 분위기 있게 부른다. 그러고 보니 모란과 작약꽃이 많이 닮았다는 생각과 함께 꽃을 파간 사람이 궁금해졌다.

꽃도둑. 도둑이지만 재물을 훔친 도둑과는 다르다는 생각이 든다. 꽃의 아름다움을 감상할 줄 아는 도둑! 재물을 훔친 도둑이 험상궂은 얼굴을 한 남자라면 꽃도둑은 예쁜 얼굴을 한 여자일 것만 같다. 마음을 고쳐먹으니 좀 전에 느꼈던 불안감과 분노가 마시멜로처럼 녹았다.

‘작약들아, 예쁘장한 얼굴을 한 꽃도둑 집에서 오월마다 찬란한 꽃을 피워주렴? 도둑을 맞은 게 아니라 애인 삼고 싶은 꽃도둑에게 너를 선물했다고 여기마.’

참나무

절정인 가을을 그냥 보내기 뭐해 단풍 구경을 갈 생각인데 지인이 가평 유명산 계곡을 추천했다. 안사람과 주말에 유명산을 찾았다. 반가운 마음에 차를 세우자마자 잰걸음으로 계곡을 따라 오르며 단풍을 알현했다. 청량한 계곡물에 얼굴을 말갛게 씻은 단풍이 우리를 맞았다. 유명산 계곡이 가을이란 연극을 공연하고 있다. 계곡을 네온사인으로 환하게 비추는 단풍잎이 주연이라면 갈색의 참나무 잎은 조연, 겨울산의 주인공인 솔잎 잣잎은 잠시 악역을 하고 있다.

'색채의 연극이군!'

유명산이 베푸는 단풍의 향연에 눈이 호강한다. 가을 단풍 공연 1막 2막 3막을 보며 계곡을 따라 오르는데 안내판이 보였다. 참나무 구분 방법이란 주제 아래 여섯 종류의 참나무 이파리와 도토리 사진이 있고 나무의 특징을 써 놓았다.

내 관심은 금세 단풍에서 참나무로 옮겨갔다. 김감독은 마음대로 갑자기 조연이었던 참나무를 주연 배우로 발탁했다. 김선생 변덕에 유명산 단풍 얼굴이 벌게졌다.

'오늘은 기필코 여섯 종류의 참나무를 완벽하게 구별해내고야 말테다.'

사실 나는 식물의 생태와 생장에 대해 꽤 알고 있다고 자평한다. 이에 무지한 사람을 만나면 '생태맹'이라고 낮춰 보며 안도현 시인의 시를 읊으며 놀리는 사람이다. 그 대상에 한 사람은 꼭 들어간다. 바로 안사람이다.

무식한 놈

쑥부쟁이와 구절초를
구별하지 못하는 너하고
이 들길 여태 걸어왔다니
나여, 나는 지금부터 너하고 절교다!

이런 나에게도 종류가 많아 그 구별이 쉽지 않는 게 있었으니 바로 들국화, 나리꽃, 참나무이다. 세 가지 식물은 종류가 참으로 많기 때문에 이들 종류를 또렷하게 구별할 수 있다면 사람들에게 '식물박사'라 불릴 만한데 말이다.

마침 유명산에 참나무가 지천이니 욕심을 내어 '식물박사'의 반열에 오르기 위해 참나무 공부를 하기로 했다.

단풍 감상을 뒤로 하고 참나무를 찾아 다녔다. 기둥과 그 밑에 떨어진 이파리와 도토리의 생김새로 어떤 종류의 참나무인지 구별하느라 등산로를 벗어나 산비탈을 헤맸다. 못마땅한 모습으로 먼발치 지정된 등산로를 오르는 안사람은 버려두고…….

유명산 계곡 한쪽 산비탈을 다 누볐을 때쯤 드디어 여섯 가지 참나무의 이파리와 도토리를 수집하고 나무 사진까지 다 찍었다.

갈참나무, 졸참나무, 굴참나무, 신갈나무, 떡갈나무, 상수리나무.

개선장군처럼 산비탈 아래 등산로에 주저앉은 안사람을 찾아 가져온 전리품을 내어 놓고 참나무 구별법을 알려주겠노라 펼쳐 놓다가 한소리 들었다.

"이런 데까지 나와서 꼭 이래야 되겠냐구. 그 놈의 생태병 또 도졌군. 저 사람들 좀 봐. 그냥 단풍구경하며 걷잖아. 무슨 참나무 공부야, 공부는."

잘난 척 좀 하려다 멋쩍어졌다. 다른 부부들처럼 담소를 나누며 걷다가 위험한 곳에서 손잡아 주며 살갑게 그러지 못한 내가 살짝 싫어졌다. 이후로 소 닭 보듯 하다 산행 끝.

그날 안사람에게 하려다 못한 참나무에 얽힌 이야기들을 이 글 읽는 당신에게 대신 들려줄게요.

먼저 굴참나무입니다. 참나무류에서 껍질에 골이 가장 깊게 패이고 가장 두꺼운 나무예요. 골이 깊은 참나무란 뜻. 골의 경기도 사투리가 굴이거든요. 그래서 붙여진 이름. 또 산간지방에서는 이 나무 껍데기로 지붕을 이었는데 굴피집이라고 해요.

이번에는 신갈나무예요. 옛날 나무꾼들이 짚신 밑창이 해지면 이 나무 잎을 깔고 신었대요. 잎의 크기가 딱 발바닥만하고 부드럽고 잘 미끄러지지 않아 그만이었다고 해요. 신에 깔다. 신깔. 신갈. 나무꾼들이 그럴듯한 이름을 지었네요.

다음으로 떡갈나무를 소개합니다. 떡갈나무는 참나무류에서 잎이 가장 넓죠. 그래서 조상님들은 떡을 찔 때 시루 구멍을 막으려고 밑바닥에 이 나무 잎을 깔고 쪘다고 해요. 떡 밑에 까는 잎. 떡깔. 요즘 떡집에서도 옛사람들처럼 떡을 찌면 어떨까요. 참나무 향 참참나게.

상수리나무 납십니다. 임진왜란 때 선조임금이 왜적에게 쫓겨 피난을 가게 되었어요. 전쟁 중이라 먹을 게 부족하여 수라상에 가난한 백성들이 흉년에 밥 대신 먹던 도토리묵을 올렸대요. 선조임금이 의외로 맛있게 드셨다나요. 그때부터 '임금님 수라상에 오른 도토리'라는 뜻으로 '상수리' 란 어깨 으쓱한 이름을 갖게 되었대요.

앞의 이야기만으로도 참나무는 참 쓸모가 많은 나무지요. 그 외에도 재질이 단단하여 쇠가 귀하던 옛날에 곡괭이 쟁기 등 연장을 만들어 썼어요. 참나무 장작은 화력이 좋아 일등 땔감이고 그 숯은 음식을 조리할 때 쓰이는데 일품이죠. 게다가 숯은 살균

작용이 탁월하여 간장에 넣고, 습기예방으로 팔만대장경을 모신 해인사 장경각 바닥에도 깔리고, 전자파 차단까지 해준다나요. 가장 대견한 건, 도토리 열매는 수천 년 동안 흉년으로 굶어죽을 이 땅의 수많은 민초들을 살렸어요. 지금도 도토리묵은 참살이 먹거리로 인기가 높죠. 덤으로 제 몸 비워 키워낸 표고버섯을 아낌없이 내어 주지요. 이쯤에서 참나무에게 경의를.

'참'의 사전적 의미는 사실이나 이치에 조금도 어긋남이 없는 진리라고 하네요. 참나무! '참'자 붙을 만하죠. 이렇게 대접받을 만한 나무니 여러분도 산에 갔을 때 너희들 모두 참나무지? 그러지 말고, 갈참나무야, 졸참나무야, 굴참나무야, 신갈나무야, 떡갈나무야, 상수리나무야. 이리 이름을 불러주면 어떨까요. 그러면 참나무들이 산바람에 간지럼 타는 잎을 찰랑이며 깔깔깔 웃어주지 않을까요?

4부

막걸리 인생

가물치 친구

교실 인터폰이 울렸다.

“나 기성이다. 용인에 살던. 기억나지? 한 번 보자.”

‘아, 가물치!’

시골학교 6학년 교실. 한 아이가 전학을 왔다. 첫 인상은? 작은 체구에 허름한 옷차림, 핏기 없는 얼굴에 누런 눈동자. 한동네에 산다는 이유로 짝꿍이 되었다. 목장집과 먼 친척인데 그 집 창고를 대강 손봐서 세 식구가 살았다. 아버지는 돌아가시고 어머니가 동네 허드렛일을 한 품삯으로 근근이 생활했다.

하루는 옆자리에서 찌린내가 진동했다. 알고보니 기성이가 오줌 싼 옷을 그대로 입고 왔다. 선생님께서 갈아입힐 옷을 가져오라기에 집으로 달려갔더니, 어머니가 불안한 표정으로 물으셨다.

“공부시간에 집엔 웬일이냐?”

“기성이가 오줌 싼 옷을 입고 와서 옷 가지러 왔어요.”

"다 큰 녀석이 오줌싸개구나. 먹는 게 부실해서 그럴 게다. 학교 파하면 같이 와 밥 먹어라. 어려운 살림이니 입 하나 덜어줘야지."

우리집도 넉넉한 편은 아니지만, 정 많은 어머니 덕분에 기성이네 형제는 우리집을 제 집처럼 드나들며 끼니를 해결했다.

친구가 귀한 시골이라 우리는 서로에게 꼭 필요한 존재였다. 하교 후에는 온갖 놀거리가 기다리고 있었다. 가재 잡아 구워먹기, 메뚜기 잡아 볶아먹기, 칡뿌리 캐기, 심지어 독사를 잡아 땅꾼에게 팔아 용돈 벌기까지 놀이도 다양했다.

물고기 잡는 게 놀이가 되는 여름이 왔다. 개울을 막아 발을 놓기로 했다. 개미 역사처럼 돌을 들어다 둑을 만들고 가운데에 물길을 내서 발을 쳤다. 해가 저물자 졸면서 떠내려오는 작은 물고기들이 심심치 않게 걸렸다.

'퍼드덕, 퍼드덕.'

한밤의 고요함을 깨며 발 속에서 팔뚝만한 뭔가가 퍼덕였다.

"와, 가물치다. 가물치."

동네에서 어부란 별명을 가진 나였지만 이렇게 큰 놈을 잡기는 처음이다.

"발은 내가 만들었으니 가물치는 내꺼다."

자랑할 생각에 개선장군처럼 집으로 돌아오는 길, 문득 며칠 전에 어머니가 하신 말씀이 떠올랐다.

"기성이 엄마가 이장댁 고추 따다가 쓰려졌어. 영양실조라나"

언제 또 잡아볼지 모를 가물치를 친구에게 줄까? 말까? 고민 또 고민.

"가물치 가져다 엄마 고아 드려. 아프시다며."

친구는 못 미더운지 재차 묻고서야 씩 웃으며 받아 들었다. 가물치를 들었던 손은 가벼워졌는데, 기분은 오히려 뿌듯한 무엇으로 묵직했다. 집에 돌아와 어머니께 말씀드리니 장하다 내 아들! 칭찬을 하셨다.

며칠 후, 품앗이에서 돌아오신 어머니가 상기된 얼굴로 말씀하셨다.

"기성이 엄마가 일을 나왔더구나. 우리 아들이 준 가물치 잘 먹었냐고 했더니 그 여편네 펄쩍 뛰더라. 기성이가 애미 아프다고 잡아다 고아줘서 기운 차렸다고 부득부득 우기지 뭐냐."

다음 날 등굣길이었다.

"너, 그럴 수 있냐. 내가 준 가물치를 니가 잡았다고?"

우리도 티격태격 다퉜다. 그후로 둘은 혼자가 되어야만 했다. 서로 서운한 마음을 풀지 못하다가, 친구가 어려운 집안 형편으로 중학교 진학을 못하고 도회지로 나가 취직하면서 소식이 끊겼다.

주말 오후에 친구가 부산에서 양평까지 한달음에 달려왔다. 이십년 전의 추억을 안주삼아 술을 마셨다. 친구 어머니의 근황을 물었다.

"뇌졸중으로 십여 년 앓다 돌아가셨어. 사업이 안 되던 때라 별

다른 치료도 못해 드렸다."

친구는 한숨을 토해내더니 눈물을 쏟아냈다.

"요즘은 먹고 살만 하냐?"

"조경업에 손을 대는 데 벌이가 쏠쏠하다. 진작에 이랬으면 효도 좀 하는 건데."

소주잔을 들이키더니 한 마디 한다.

"귀 빠지고 효도라고 해본 건 네가 준 가물치 고아서 드린 일밖에 없다."

"그때 내가 가물치 줬단 말 안 했지? 난 그게 서운했는데."

"돈 많이 벌어 전원주택 지어라. 정원 조경은 돈 안 받고 해주마. 가물치 주고 곯는 배 채워준 것 생각하면 그 정도는 해야지."

졸졸졸. 소주 따르는 소리가 개울물 흐르는 소리로 들렸다. 우리는 어릴 적 고향 마을 개울가에 다시 앉았다.

퍼드덕, 퍼드덕. 숨죽이고 물고기가 걸리길 기다리던 소년들의 환호성!

"와, 가물치다. 가물치!"

"내일은 가물치 한 마리 사서 너희 어머니 찾아뵙자."

20년 만에 우리가 잡은 또 한 마리 가물치.

100만 달러의 행복

출근하려고 드라이해 온 바지를 입는데 주머니가 불룩하다. 뭐지? 꺼내보니 향기 나는 냅킨에 돈 2만원이 싸여 있다. 냅킨에 쪽지글이 볼록 도드라진다.

"인상 좋은 김 선생님, 돈 많으신가 봐요? 그래도 또 돈 많이 벌어요!"

차 시동을 걸다 아차! 다시 집으로 들어갔다. 올 가을에 학교 은행나무 밑에서 주운 은행을 넉넉히 담았다. 세탁소에 들러 감사의 말을 잊지 않았다.

"당연히 돌려드려야죠. 뭘 이런 걸. 고맙게 먹을게요."

커피 한 잔 얻어 마시는 데, 이십년 전 태국 신혼여행지에서 있었던 일이 떠올랐다.

태국인들의 존경을 받는 프미폰 국왕이 사는 궁을 찾았다. 하늘을 찌르는 왕궁의 뾰족탑이 그 분의 기상을 닮았다.

무더운 날씨에 가장 높은 탑에 올랐다 내려왔더니 땀이 비 오듯 쏟아졌다. 입에서 단내가 날 정도로 갈증이 났다. 때마침 구멍가게가 눈에 들어왔다. 헐레벌떡. 생수 한 병을 들고 얼마냐고 물으니 1달러란다. 벌컥벌컥 들이켰다. 안내원은 일정이 빡빡하다며 걸음을 재촉한다.

잰걸음으로 따라가는데, 아내가 팔을 홱 잡아 끌어 나를 돌려세웠다.

"자기 입만 입이고, 내 입은 입으로 안 보여? 나도 목마르다고."

'아 참! 이제 혼자가 아니고, 둘이지?'

결혼 첫날, 첫 부부싸움이다. 아내에게 창피할 만큼 미안한 마음이 들었다. 일행에게 양해를 구하고 생수를 사러 뛰듯 걸었다. 가는 길에 맞은편에서 웬 아줌마가 나에게 손짓하며 바삐 걸어오는 게 아닌가?

'낯선 외국인이 왜 아는 척을 하지? 어, 아까 구멍가게 아줌마네.'

아줌마가 100달러짜리 지폐를 내밀었다. 1달러를 낸다는 것이 그만 실수로 100달러를 낸 모양이다. 단위가 다른 달러인데도 내 눈엔 엇비슷한 색깔 때문에 그 돈이 그 돈이다. 그려져 있는 초상화도 코만 높아 보이는 그 사람이 그 사람이다. 자세히 보지 않으면 통 구별이 어렵다.

고마운 마음에 나도 모르게 아줌마의 손을 덥석 잡았다. 잠시 멈칫. 난생 처음 잡아본 외국인의 손. 거칠거칠한 손의 감촉이 전해져 왔다. 우리네 아줌마 손과 다르지 않다. 우리 동네 가게에서 콩나물 덤을 얹는 그런 손이다.

아줌마에게 고마움을 표하고 아내와 기다려주는 일행에게 줄 생수를 넉넉히 샀다. 이야기를 들은 일행이 한마디 한다.

"그 아줌마 덕에 8만원짜리 생수도 마셔 보는군요."

"여기 잘나가는 기업체의 월급이 20만원쯤 된다던데. 그 아줌마에겐 제법 큰 돈일 텐데……."

"아마 100달러가 아니고, 100만 달러였어도 돌려줬을 겁니다."

태국여행에서 오래도록 기억에 남는 것은 웅장한 왕궁도 파타야의 아름다운 해변도 아니다. 구멍가게 아줌마다. 지금도 매스컴에서 태국에 관한 이야기가 나오면 어김없이 그 아줌마가 떠오른다. 태국이란 나라가 더 더 좋아진다.

이 글을 쓰는 저녁, 세탁소 부부와 태국 구멍가게 아줌마 집 밥상에 숟가락 달그락 거리는 소리가 행복하겠다!

나는 지금 2만원으로 복권을 사러간다.

'돈 많으신가 봐요? 그래도 또 돈 많이 벌어요!'

양수리 성당 신부님

미사에서 가장 성스러운 시간이 성찬의 전례다. 신자들이 예수님 몸을 자기 안에 모시려고 경건하게 일어섰다.

신부님께서 예수님 몸을 상징하는 제병을 들어 올리셨다.

"너희는 모두 이것을 받아먹어라. 이는 너희를 위하여 내어 줄 내 몸이다."

"내가 필요할 땐 나를 불러줘. 언제든지 달려갈게……."

핸드폰 벨소리가 요란하게 울렸다.

신부님이 성체 성사 집전을 잠시 멈추고 미동도 않으셨다. 성당 안에 냉기가 흘렀다. 길게만 느껴지던 정적이 흐른 후에야 성사는 계속되었다.

미사를 마치고 신부님께서 공지사항을 말씀하셨다. 나는 미사 중에 울린 핸드폰 벨소리에 대한 말씀이 꼭 있겠지 예상했다.

사실 미사 때마다 심심치 않게 울리는 벨소리나 여기저기서 웅웅거리는 진동음, 문자 확인하는 모습이 못마땅했었다. 그런 신자들이 한심해 보이기까지 했다.

한 주간의 삶을 성찰해야할 주일 미사마저 핸드폰을 켜 놓아야 한담?'

내심 신부님께서 따끔한 말씀을 해주시길 기대했다. 아니나 다를까. 핸드폰 이야기가 나왔다. 대리만족이라도 얻은 것처럼 통쾌한 기분이 들었다.

"성체 모실 때 핸드폰 벨소리 주인 되시는 분, 벨소리 때문에 맘에 상처 받지 마시기 바랍니다. 제가 잠시 성사를 멈췄던 것은 마음에 분심이 들었기 때문입니다. 마음에 두지 마시고 행복한 주일 보내시기 바랍니다."

신부님 얼굴에서 온화한 예수님을 보았다.

돌담도 사람들

제주도 여행 내내 내 눈을 붙들어 둔 건 명승지의 풍광이 아니라 가는 곳마다 만나는 돌담이었다.

제주도는 돌담의 섬이다. 어디를 가나 돌담 천지다. 제주 사람들은 삶의 시작을 돌담에서 하고, 삶의 끝을 돌담으로 마무리한다. 돌담을 두른 집에서 태어나, 돌담을 두른 밭에서 농사를 짓고, 돌담을 두른 원담에서 물고기를 잡고, 돌담을 두른 무덤에서 잠든다.

섬 어디에나 넘쳐나는 애물단지 돌. 이 돌이 제주도 사람들의 삶을 얼마나 고되게 했을까? 집터를 닦을 때도 돌을 파내느라 고된 노동은 배가 됐을 거고, 농사지을 밭을 만들 때도 흙반 돌반인 땅은 허리를 휘게 했을 것이다. 바다에 던진 그물은 돌에 찢기기 일쑤였을 것이고, 묏자리를 쓸 때 나오는 돌은 상을 당한 가족에게 원망덩어리였을 게다.

하지만 제주 사람들은 지겹도록 흔하디흔한 돌을 섬삶을 팍팍하게 만드는 골칫덩어리로 여기거나 피하지 않았다. 오히려 당당하게 맞섰다. 태산을 옮기듯 대를 이어 돌을 추려내어 척박한 섬삶을 풍요롭게 했고 아름다운 풍광을 만들었다.

집터에서 나오는 돌로는 집담을 쌓고, 밭에서 나오는 돌로는 밭담을 쌓고, 바닷가에서 나오는 돌로는 원담을 쌓고, 묏자리에서 나오는 돌로는 산담을 쌓았다.

이런 담들은 제주의 강한 바람과 말과 같은 가축으로부터 집과 농작물을 지켜냈고, 소유지를 구분하는 경계와 도로의 역할을 하였다. 원담은 물고기를 손쉽게 잡게 했고, 산담은 사자의 영혼이 깃든 곳이 되었다.

제주 사람들이 자자손손 쌓은 돌담을 모두 이으면 십만리나 된다고 한다. 그래서 흑룡만리黑龍萬里란 별칭을 갖게 되었다. 인간의 능력은 참으로 무한하다! 돌담의 실용적 가치나 아름다움도 혀를 내두르게 한다.

이쯤 되면 세상에서 제주도 사람들처럼 돌을 잘 이용하는 사람들은 없어 보인다. 자신들이 천형처럼 지고 가야할 무거운 짐을 짐이라 여기지 않고 순응하며, 삶에 필요한 자산으로 바꾼 제주 사람들이 존경스럽다.

나는 내 나름대로 제주도를 '돌담도'라 칭한다.

선민들은 우리에게 돌담을 통해 말한다.

'험난한 자연환경을 이겨내라. 그래야만 삶이 비로소 풍요로워지리라!'

하품부부

살다보면 다른 사람의 사생활이 궁금할 때가 있다. 그 중 하나가 지인들이 결혼하게 된 사연이다. 보통은 눈에 콩깍지가 씌었다는 둥 그저 그런 이야기지만 가끔은 배꼽 잡을 이야기도 있다. 알고 지내는 여선배의 결혼사연이 재미있다.

전라도 광주가 고향인 선배는 추석을 맞아 서울역에서 호남선 기차에 몸을 실었다. 명절이라 입석표를 겨우 끊어 차창 밖을 바라보며 무료함을 달래고 있을 때였다.

옆에 서 있는 남자가 입을 쩍 벌리고 하품을 하더란다. 순간 남자의 입에 손가락을 넣고 말았다. 턱 닫힌 입과 '악' 외마디 비명. 자기도 모르게 저지른 일. 모르는 남자 입에 손가락을 넣은 자신도 놀랐지만, 엉뚱한 일을 당한 남자가 더 깜짝 놀랐단다. 주위 사람들도 놀라긴 마찬가지였다.

정신을 잃을 정도로 아픈 손가락을 감싸는데, 남자는 어디서 구했는지 약을 가져와 발라주고는, 오히려 더 미안해하며 어쩔

줄 몰라 하더란다.

"어머, 죄송해요."

뒤늦게 정신을 차려 사과를 했는데 부족한 감이 들더란다. 왜냐하면 주위 사람들은 눈으로 이런 말을 하고 있었다.

'쯧쯧 멀쩡하게 생긴 여자가 정신줄 놓아 버렸군!'

그래서 듣든 말든 남자에게 자초지종을 설명하게 되었다. 선배는 위로 오빠 셋을 둔 고명딸로 자랐다. 오빠들의 귀여움을 독차지했는데, 묘한 버릇이 있었다. 하품을 하는 오빠들 입에 손가락 집어넣기. 그러면 오빠들은 손가락을 살짝 물어 주고는 온갖 귀엽다는 표현을 했다. 그래서 오늘도 오빠들에게 하듯 무의식 중에 어이없는 실수를 했다고 해명했다.

말을 다 들은 남자와 주위 사람들은 피식 웃었다. 창피한 자기를 배려해서 옆 칸으로 자리를 옮기자는 남자를 무작정 따라갔고 고향길 가는 내내 말벗이 되었다.

마침 남자의 고향도 전라도 광주 근처여서 광주역에 내려 차를 마시고 술을 마시고 급속도로 친해져 서울로 올라오는 귀경표를 함께 끊는 사이가 되었다.

그날 인연으로 해를 넘기지 않고 부부가 되었다. 물론 중년인 지금도 하품하는 남편 입에 손가락 넣는 일을 계속한다. 아무리 심하게 다투어도 남편이 하품만 하면 다 풀린단다.

콘크리트 인생

추석을 한 주 앞둔 날 뉴스에 벌초에 대한 보도가 있었다. 시대가 변하면서 벌초 문화가 점차 바뀌고 있다고 했다. 바쁜 탓에 손수 벌초를 하지 않고 벌초대행업체에 맡기는 경우가 는다는 씁쓸한 이야기도 나왔다.

화면에 어느 집 선산인 것처럼 보이는 예닐곱 기의 산소가 비춰졌다. 삼십여 미터쯤 되는 묘지 진입로는 시골 산길엔 어울리지 않게 콘크리트 포장도로였다. 좀 과하다 싶었다. 자세히 보니 더 황당하다. 묘지 전체를 콘크리트로 덮어씌워 놓았다. 심지어 봉분까지! 봉분엔 초록색 페인트를 칠해 놓았다. 회색 묘지 바닥에 초록색 봉분. 그 우스꽝스럽고 불경스런 광경이란!

모자이크 처리된 산소 주인의 인터뷰 장면이 떴다.

"산소를 콘크리트로 덮은 이유가 있습니까?"

"산짐승이 산소를 파헤치는 것을 막고 벌초하기 번거로와 이렇게 했습니다."

'산짐승은 그렇다 치고, 벌초하기 귀찮아 콘크리트로 포장을 했다?'

그 말을 듣는데 내가 무덤 속 주인처럼 답답해 숨이 막혔다.

갑자기 생거진천 사거용인生居鎭川 死居龍仁이란 옛말이 떠오르는 것은 왜일까?

생거 콘크리트, 사거 콘크리트네!

살아서도 평생을 도시의 콘크리트를 밟고 콘크리트 상자 같은 아파트에 살다가 죽어서까지 콘크리트 무덤 속에서 잠들어야 하나?

미시령 휴게소

새로 뚫린 미시령 터널을 거쳐 설악산으로 떠난 피서. 백두대간의 척추뼈 밑을 달려 예전보다 빠르게 도착했다.

금강산도 식후경. 아침을 거른 탓에 경치가 눈에 들어오지 않았다. 숙소에 짐을 풀자마자 맛집을 찾았다. 때 이른 점심으로 배를 불렸다. 배는 부른데 뭔가 허전하다. 꼭 해야 할 일을 빼먹은 느낌이랄까?

'아, 터널로 오느라 미시령 옛길로 다닐 때 하던 일들을 못했구나!'

여행을 마치고 돌아가는 길, 당연히 미시령 옛길로 차를 몰았다. 굽이굽이 오름길 왼쪽으로 울타리 같은 거대한 울산바위가 반겨준다. 습관처럼 가변도로에 차를 세우고 울산바위를 배경으로 사진을 찍는다.

다음에 할 일은 미시령 휴게소에서 알감자구이로 요기를 하고 후식으로 자판기 커피를 마시는 일이다. 그리고 밖으로 나와

500원으론 과분한 동해 풍경을 망원경으로 감상하면 그만이다.

드디어 미시령 정상. 예전엔 피서철에 꽤 밀리던 길인데 다니는 차가 거의 없어 십여 분 만에 가뿐하게 올랐다.

이게 웬일! 미시령 휴게소가 폐쇄되었다. 공룡뼈 화석 같은 휑한 모습을 하고 출입금지 철조망에 갇혀 있었다. 오랜 친구를 잃은 서운함에 휴게소 앞에서 한참을 서성였다.

그 꽃

동해 여행을 마치고 돌아가는 길, 길이 막힐 걸 예상하고 일찍 출발했는데 의외로 한산했다. 여행 본전 생각에 한군데 더 들러 가기로 했다.

'백담사에 들렀다 가자. 산사의 늦가을 정취도 느낄 겸.'

그런데 차는 이미 백담사가 있는 용대리를 막 지나쳤다. 조급하게 불법유턴을 했다. 아차, 감시카메라 번쩍! 벌점에 딱지까지 끊었다.

그 일로 마음이 번잡해진 채 백담사 경내에 발을 디뎠다. 내 마음과 어울리지 않는 고즈넉한 백담사 뜰 한 켠에서 반가운 님의 시비를 만났다.

그 꽃

고은

내려갈 때 보았네
올라갈 때 못 본
그 꽃

불법유턴처럼 조급하게 앞만 보고 달리고 뛰느라 뒤를 돌아 보지 못한 중년의 사내가 가을이란 계절의 끝자락에 서 있다.

켄터키 프라이드 치킨

1980년 용인 시골에 남사중학교 1학년 영어 시간. 수업내용은 자기가 좋아하는 음식을 묻고 답하는 것이다.

선생님께서 물으시면 한사람씩 대답했다.

"What is your favorite food?"

"My favorite food is kimchijjigae."

선생님께서 물으시면 우리들은 집에서 흔하게 먹는 음식이나, 명절과 같은 특별한 날에 먹을 수 있는 음식을 좋아한다고 대답했다. 모두가 알고 있는 김치찌개, 잡채, 닭볶음탕과 같은 음식들이었다.

얼마 전 서울에서 전학을 온 뽀얀 얼굴의 예쁜 여학생에게 선생님이 물었다.

"What is your favorite food?"

"My favorite food is Kentucky Fried Chicken."

'켄터키 프라이드 치킨? 도대체 어떤 음식이지. 치킨은 닭이니

닭으로 만든 요리가 분명한데.'

닭으로 만든 요리는 엄마가 해주는 닭백숙이나 닭볶음탕을 먹어본 게 전부인 나에게 켄터키 프라이드 치킨은 상상 속의 음식이었다. 괜한 자존심에 촌놈이란 소리를 들을까봐 물어보지 못하고, 그렇게 내 궁금증은 잊혀졌다.

그로부터 3년 후, 켄터키 프라이드 치킨에 대한 궁금증이 풀렸다.

시골 중학교에서 공부 좀 한다고 경기도에서 최고 큰 도시 수원에 있는 수성고등학교에 진학하였다.

넉넉지 않은 생활 형편에 유학이라는 선물과 함께 혹독한 자취 생활이 시작되었다. 나처럼 집을 떠나 온 자취생들이 모두 그랬듯이 먹는 것이 신통치 않았다. 가끔 집에서 보내오는 냉장이 필요 없는 장아찌류의 반찬으로 맨밥 먹는 신세를 겨우 면하거나, 라면 국물이라도 있으면 그나마 호사였다. 한참 자랄 나이에 늘 허기져 있었다.

늦은 야간 자습을 끝내고 자취방으로 돌아가는 데 기름 냄새가 허기진 나를 끌었다. 다가가 보니 닭을 기름에 튀기고 있었다. 생전 처음 보는 닭요리 광경이었다. 네온사인 간판이 보였다.

'켄터키 프라이드 치킨.'

바나나 한 트럭

안사람과 마트 과일 코너에 들렀다. 냉장고에 남아도는 우유로 바나나 밀크 쉐이크를 한다고 바나나 한 다발을 샀다. 바나나를 보자 초등학교 3학년 때 일이 또렷하게 떠올랐다.

어느 날 아침, 우리반 반장인 강홍석이가 그림책에서나 본 진짜 바나나 하나를 들고 왔다. 홍석이 삼촌이 어느 나라에 외교관으로 있는데 그 나라에서 가져온 것이란다. 그 시절 우리는 세상에서 가장 맛있는 과일이 바나나라고 믿고 있었다.

바나나를 나눠 준다는 말에 친구들은 홍석이 책상 앞에 줄을 섰다. 홍석이는 아이들에게 자신만의 잣대로 자기와의 친분과 충성도를 판단해서 바나나를 주기도 안주기도 했다. 연필 칼로 병뚜껑만하게 자른 바나나였지만 아이들은 그걸 얻어먹기 위해 혈안이 되어 있었다. 홍석이에게 그간 충성했던 일들을 경쟁적으로 이야기하는 아이들도 생겨났다.

나랑 단짝 친구인 아이들은 나와 친하단 이유로 바나나 시식에서 제외되었다. 나는 여러 면에서 홍석이와 라이벌 관계에 있었다. 학기 초 반장선거에서 맞붙었고 시험성적도 늘 1, 2등을 다투었으며, 각종 미술대회에서 최우수 우수를 번갈아가며 했다.

홍석이는 가끔 바나나 시식행사를 주관했고, 그때마다 나는 친구들을 하나 둘 잃고 외톨이가 되어 갔다. 그 이후로 초등학교와 중학교 시절 내내 실제 바나나 구경은 할 수 없었다. 바나나 맛은 상상 속의 맛일 뿐이었다.

내가 바나나를 다시 본 것은 도회지로 나가 고등학교를 다니게 된 때다. 마트에 가니 바나나가 지천으로 쌓여 있었다.

어느 날, 나는 한 달 자취비에서 거금을 갈라내어 바나나 한 다발을 샀다. 그 자리에서 서너 개를 뚝딱 먹어 치웠다. 하지만 초등학교 때부터 상상했던 바나나 맛은 세상에서 가장 맛있는 맛은 아니었다.

'들쩍지근하고 물커덩하고 미끌미끌한 그 맛!'

안사람이 내온 바나나 밀크 쉐이크를 마시며 초등학교 때 바나나 이야기를 했다. 안사람은 나보다 더 열 받는다며 한마디 했다.

"그 홍석인가 뭔가, 동창회에서 만나면 바나나 한 트럭 사줘버려요."

중산층의 조건

연봉정보 사이트에서 직장인을 상대로 우리 사회 중산층의 조건에 대하여 설문 조사한 결과가 탐탁치 않다. 부채 없는 30평 아파트 거주, 월소득 500만원 이상, 2000cc이상 중형차 소유, 예금 잔고 1억원 이상 보유, 연 1회 이상 해외여행.

우리 사회에 이 조건을 만족시키는 사람들이 많지 않으니, 소식을 접한 대부분 사람들은 속이 쓰릴 것이다. 특별하지 않게 보통으로 살아가는 사람들에게 너무 허황되게 높은 기대치인 것처럼 보인다.

그건 그렇다 치고 더 마음이 쓰이는 것은 조건들 모두가 돈에 관련된 것이다. 우리 사회가 물질만능주의에 빠져 있는 것을 확실하게 보여주는 것 같아 씁쓸하다.

프랑스의 경우가 부럽다. 퐁피두 대통령이 정책적으로 추구했던, '카르테 드비(삶의 질)'가 프랑스 중산층의 기준이다. 그 내용을 보면 우리와 많이 다르다. 외국어를 하나 이상 구사하여 폭

넓게 세계를 경험할 것, 한 가지 이상의 스포츠를 즐기고 악기를 다룰 것, 자신만의 요리로 손님을 대접할 것, 사회봉사 활동을 할 것, 남의 아이를 내 아이처럼 꾸짖을 것, 사회정의가 흔들릴 때 이를 바로 잡기 위해 나설 것 등이다. 재산개념을 중요시하는 우리와 다르게 문화개념과 정신개념을 강조한다.

우리 조상님들이 생각한 중산층의 조건도 프랑스인들과 많이 다르지 않다. 조선 중종 때 판서를 지낸 김정국이 친구에게 보낸 편지에 잘 나타나 있다. 김정국은 높은 벼슬에 있으면서 재산을 불리는 친구에게 편지를 보낸다. 편지 내용에 중산층이 갖출 재산, 문화, 정신 개념이 들어있다.

재산개념은 이렇다. '두어 칸 집에 두어 이랑 전답을 갖고, 겨울 솜옷과 여름 베옷 각 두어 벌, 눕고서도 남는 땅이 있고, 주발 밑바닥에 남는 밥이 있었소.'

문화개념은 이렇다. '여기에 없을 수 없는 것이 오직 서적 한 시렁, 거문고 한 벌, 햇볕 쬘 마루 하나, 차 달일 화로 하나, 늙은 몸 부축할 지팡이 하나, 봄 경치 찾아다닐 나귀 한 마리면 족할 것이요.'

정신개념은 이렇다. '그러면서 의리를 지키고 도의를 어기지 않으며, 나라의 어려운 일에 바른 말하고 사는 것이 얼마나 떳떳하오.'

앞 시대를 살다간 김정국은 친구가 아니라 이 시대를 살아가는 우리들 모두에게 편지를 쓴 것이 아닐까? 우리들이 프랑스인처럼 재산과 교양과 사회책임의식을 고루 갖춘 바람직한 중산층으로 성장하길 바라는 마음으로.

게장을 먹으며

새롭게 개업하는 식당도 유행을 탄다. 요즘에는 게장을 무한리필로 주는 식당이 많이 생긴다. 더구나 가격도 파격적으로 싸다. 덕분에 게장을 좋아하는 우리 부부는 외식이 잦아졌다.

가까운 곳에 있는 '도둑게장'이란 식당에 자주 간다. 번호표를 받아 기다릴 정도로 소문난 곳이다. 이곳에 자주 가는 이유는 게장 맛에 끌리기도 하지만, 사람들이 게걸스럽게 게장을 먹는 진풍경을 보기 위해서다.

이 집에서 게장 코스 요리를 시키면 2인분에 간장게장 4마리, 양념게장 4마리, 게튀김 4마리, 꽃게탕 그리고 나물류와 밥이 나온다. 물론 게장은 무한리필이다.

음식이 나오면 푸짐한 먹거리에 놀라고 곧이어 사람들이 여러 방법으로 게장을 먹는 볼거리가 이어진다. 모두들 한 손에 비닐장갑을 끼고 한 마리라도 더 먹으려고 전투적으로 게장을 먹기 시작한다. 나도 그 전투에 합류하면서 가끔 두리번거리며 사람들이 게장 먹는 진풍경을 즐긴다.

중년의 부부는 게딱지를 잦히고 숟가락으로 내장을 긁어모아, 밥을 비벼 서로의 입에 넣어주고는 환하게 웃는다.

산행을 했는지 등산복 차림의 아저씨들은 토막낸 간장 게장을 입에 넣고 우물우물 씹어 살을 삼키고 게껍데기를 뱉어낸다. 밥 한술 뜨고 발라먹고를 반복할수록 으깨진 게껍데기가 수북히 쌓인다.

양념게장은 예쁜 여자가 먹는 모습이 볼만하다. 양념게장을 먹다보면 양념이 입가에 립스틱이 되어 묻는다. 곱디고운 얼굴과 세련된 옷매무새와는 어울리지 않는 모습에서 오히려 솔직한 매력을 느낄 수 있다.

젊은 엄마 아빠가 아이에게 게살을 발라주는 모습은 정겹다. 아이는 게살을 올린 밥을 오물오물 잘도 받아먹는다. 게장 좋아하는 한국인이 한 명 더 는 셈이다.

아무리 게장 식도락가라 하더라도 집게발 안의 살을 발라먹는 것은 어려운 일이다. 게장 꽤나 먹을 줄 아는 사람은 가위를 꺼내 들고 발을 절단하여 살을 쏙쏙 빼 먹는다.

게장을 먹다보면 식당의 모든 사람들에게 끈끈한 유대감이 느껴진다. 모두들 게장을 우적우적 씹고 뱉으며 스트레스를 날린다. 그리고 수렵시대의 원시인들처럼 잡아온 먹잇감을 함께 나누며 식욕을 채우는 동질감이 든다. 신분, 성, 나이와 상관없이 체면치레 하지 않고 먹는 모습에서 인간의 원초적 식욕이 그대로 드러난다. 그래서 남 모르게 풀어 놓은 허리띠와 입가에 묻은 붉은 게장 양념으로 다소 구겨진 스타일이 오히려 편안하다.

Tears in heaven

눈이 와도 와도 너무 많이 온다. 며칠 동안 내린 폭설로 전국이 몸살을 앓고 뉴스에서는 연일 피해 보도가 잇따랐다.

아차, 일어나지 말아야 할 참사. 경주의 한 리조트 강당이 붕괴되어 오리엔테이션에 참가하던 꽃다운 새내기 대학생들이 변을 당했다. 울컥! 이놈의 나라 안전불감증 언제까지……. 나도 새내기 대학생을 둔 아버지로 며칠 동안 화를 삭이기 힘들었다.

며칠 후 이 사고로 딸을 잃은 아버지의 훈훈한 이야기가 라디오 전파를 탔다. 아버지는 딸의 목숨을 지키지 못한 관계자들에게 이런 말을 남겼다.

"너무 상심 마십시오. 제 딸은 다 용서할 겁니다. 장학금은 고인의 세례명이었던 치유의 수호천사 '라파엘라'의 뜻을 담아 '1004'만원입니다."

아버지는 딸이 다니던 고등학교와 성당 그리고 대학교에 기부했다. 건강이 안 좋았던 딸이 학창시절을 힘들게 보냈던 것이 안타깝다고 했다. 그런 이유로 건강 때문에 학업에 어려움을 겪는 학생들을 돕는데 써달라는 말을 덧붙였다.

사랑하는 딸을 가슴에 묻은 아버지의 말에 고개가 숙여졌다.

나도 모르게 Eric Clapton의 Tears in heaven을 마음속으로 부르고 있었다.

Would you know my name if I saw you in heaven?

Would it be the same if I saw you in heaven…….

Beyond the door there's peace I'm sure,

And I know there'll be no more tears in heaven.

사랑하는 아들을 잃고 지켜주지 못한 상실감에 Tears in heaven을 작사 작곡한 Eric Clapton과 딸의 죽음을 원망대신 아름다운 기부로 승화시킨 아버지의 마음이 닮아 보였다.

지금은 천국에 있을 라파엘라에게 이 노래를 바친다.

별똥값

얼마 전 밤에 전국 여러 곳에서 운석이 떨어지는 게 목격되었다. 혹, 운석을 발견한다면 희소성이나 학술적 가치로 볼 때 가격이 엄청날 거란 말들이 인터넷을 뜨겁게 달궜다. 보통은 대기권에서 타서 없어지지만 타다 남은 운석이 땅으로 떨어지는 경우가 있는 모양이다.

소치 동계 올림픽에서 운석을 넣은 금메달 몇 개를 선보였다. 가격이 1g당 236만원으로 추정되었으니 몇 kg짜리 운석만 되어도 가격은 엄청날 것이다.

이틀 후, 경상남도 진주에서 한 농부가 운석으로 보이는 돌을 발견했다. 자신의 파프리카 재배 비닐하우스를 뚫고 떨어진 돌을 신고한 것이다. 극지연구소로 옮겨져 정밀 감식을 받은 결과 운석으로 밝혀졌다. 항간에 10kg쯤 되는 이 운석의 가격이 수십억 원대에 이를 거라는 뒷말이 돈다.

대박! 돈도 돈이지만 우주를 떠돌던 행운이 시골 농부에게 떨어진 것이 더 흥미롭다. 억겁의 시간 동안 광대한 우주를 떠돌던 운석이 우주에서 티끌보다 작은 지구별에 사는 시골 농부를 찾았다. 이 대단한 인연을 어찌 설명할 것인가? 농부는 전생에 어떤 덕을 쌓았길래 우주가 내리는 복을 받았을까?

허접한 값어치를 '똥값'이라고 하는데 '똥값'도 '똥'나름이다.

김광석 노래

폐에 염증이 생겨 일주일 병원신세를 지게 되었다. 아마도 이십여 년 간 피운 담배와 이별해야 하나 보다. 호흡기 병동에 입원했는데 주로 폐질환을 앓는 노인들이다. 우리 병실에 있는 여섯 명의 환자들은 나만 빼고 모두 증세가 위독하다.

내 옆자리 할아버지가 가장 위중한데 의사가 아닌 내가 보기에도 회복될 가망이 없어 보였다. 더구나 성격이 날카롭고 예민하셔서 같은 병실 사람들이 모두 불편해 했다. 간호하는 할머니를 어찌나 못살게 구시는지 할머니가 딱해 보인다.

할아버지의 행동은 크게 두 가지다. 마치 세 살 어린애처럼 온종일 칭얼대거나 갑갑할 때면 산소호흡기를 떼어버리고 가래 섞인 쉰 목소리를 쥐어짜내며 호통을 친다.

하지만 할머니는 늘 평온한 모습으로 할아버지 간호에 지극 정성이다. 할아버지가 잠든 틈에 할머니께 물었다.

"할아버지 호통에 서운치 않으세요?"

"서운키는커녕, 평생 큰소리 한 번 내지 않던 분인데. 당신 먼저 가고 나 혼자 남겨 두는 게 안쓰러워 정 떼느라 그러나 봐."

할아버지는 우리의 대화를 엿듣기라도 한 듯 잠에서 깨셔서 휠체어를 타고 복도로 나가자고 채근한다.

휠체어를 미는 위태위태한 몸이 복도 저편으로 사라진다. 가수 김광석이 부른 「어느 노부부의 이야기」란 노래가 복도 저편에서 울려오는 것 같다.

큰 딸아이 결혼식 날 흘리던 눈물 방울이
이제는 모두 말라 여보 그 눈물을 기억하오…….
세월은 그렇게 흘러 여기까지 왔는데
인생은 그렇게 흘러 황혼에 기우는데…….
다시 못 올 그 먼길을 어찌 혼자 가려하오…….

양수리 두물머리방

파마를 하기 위해 단골 미용실에 들렀다. 양수리에 있는 두물머리방. 처음 문을 열 때부터 십년째 다니는 집이다. 단골이 된 것은 머리를 잘 한다는 입소문 때문만은 아니다.

'두물머리방' 이라는 이름에 끌려 처음 들르게 되었다. 이런 이름을 지은 미용사는 과연 어떤 사람일까? 생각이 세련되니 머리도 세련되게 만질 것 같아 미용실 문을 열었다. 아니나 다를까? 늘씬한 키에 세련미 풍기는 미용사가 나를 맞았다. 그날 이후로 내 머리는 두물머리방 미용사 외에는 만지지 못하는 성역이 되었다.

두물머리방의 작명에 대하여 알아보자. 미용실이 있는 양평군 양수리兩水里는 우리말 땅이름으로 '두물머리'라 불린다. 남한강과 북한강이 만나 한강의 머리가 된다는 데서 따 온 이름이다. 미용사는 양수리의 우리말 지명에 미용실을 뜻하는 머리방을 절묘하게 결합시켰다. 참신한 생각으로 우리말의 아름다움과 빼어남을 살려 지은 것에 감탄사가 절로 나온다.

처음 미용실에 들렀던 십년 전 미용사와 나눴던 대화가 기억난다.

"미용실 이름 누가 지었어요. 두물머리방이라? 백만불짜리 이름이네요."

"제가요. 원래 그쪽에 촉이 좋아요."

'두물머리방' 참, 촉이 좋은 일터 이름. 내가 한글학회장이라면 잘 지은 우리말 일터이름상이라도 주고 싶다.

1018년

뉴스에 가슴 아픈 일이 보도되었다. 이산가족 상봉 신청에서 네 차례나 탈락한 팔십대 할아버지가 임진각에서 유서를 남긴 채 비관자살하였다. 북에 두고 온 젖먹이 아들을 가슴에 묻고 살아왔단다. 할머니는 남편의 영정 사진을 어루만지며 오열했다.

"혼이라도 새처럼 훨훨 날아 아들 곁으로 가시지요."

다음 날, 형수로부터 어머니가 앓아 누우셨다는 전화가 왔다. 그간 무심했던 나를 자책하며 형님 댁으로 향했다. 올해 일흔 다섯의 어머니도 네 차례에 걸친 상봉 신청에서 탈락하였다. 오남매 동기간을 북에 두고 아버지를 따라 월남하였다. 어머니를 보는 순간 아버지가 돌아가시기 전 입버릇처럼 한 말이 떠올랐다.

"님자는 오래 살아 통일되면 니북에 가서 조상묘도 찾아뵙고 님자 피붙이들도 만나 보라우."

아버지는 평생을 이북의 고향집과 선산과 일가친척을 그리워하셨다. 향수병으로 몸서리치는 날에는 고향이 그리워도 못 가는 신세로 시작되는 유행가를 부르셨다.

어머니는 지난 2000년 6·15 남북정상회담이 성사되던 날 통일이라도 된 듯 기뻐했다. 더욱이 이산가족 상봉단을 교환한다는 소식에 소녀처럼 좋아했다.

드디어 아버지 유언대로 조상묘에 성묘도 하고 동기간도 만난다는 희망으로 얼굴이 피셨다. 텔레비전으로 방영되는 상봉 장면을 보실 때는 북에 두고 온 동기간의 이름을 하나하나 불러가며 손수건을 적셨다.

좋은 일도 잠시였다. 4차 상봉단 교환이 북측의 입장 때문에 무기한 연기되었다. 툭하면 이산가족 상봉과 다른 정치적인 사안들을 연결시키는 정치인들이 괘씸하다.

어느 기자의 말이 한 달에 100명씩 이산가족이 상봉한다고 해도 1018년이나 걸린다고 한다. '이념보다 사람이 먼저다'란 생각으로 문제를 풀어 가면 어떨까?

'이놈들아, 이러다 연로한 이산가족들 다 돌아가시게 생겼다!'

"배고프지? 엄마랑 밥 먹자!"

세월호 침몰 8일째. 잠수부들이 선체 내로 진입해서 수색을 하고 있지만, 그토록 바라던 에어포켓에 생존자가 존재한다는 소식은 없다. 속속 수습되는 시신으로 사망자는 늘고, 실종자는 줄어드는 숫자를 외면하고 싶다. 이런 가운데 실종자들이 구조되기를 염원하는 촛불기도회가 전국으로 번지고 있다.

세월호 침몰사고로 가장 많은 희생자를 낸 단원고에서도 촛불기도회가 열리고 있다. 참가자들은 실종자들이 돌아오기를 소망하는 글을 적은 종이를 들고 있다.

'희망을 잃지 마, 기다릴게, 무사히 돌아와 줘.'

기도하는 마음으로 따라 읽다가 한 문장에서 숨이 멎을 것 같았다.

"배고프지? 엄마랑 밥 먹자!"

미안하고 죄송한 마음에 하염없이 눈물이 뿜어져 나왔다. 오늘도 나는 내 아이들과 식탁에 둘러앉아 두런두런 이야기를 나누며 밥을 먹었는데…….

실종자 가족들에게는 평범하고 일상적인 이 말이 세상에서 가장 간절한 마음을 담은 말이구나!

소망한다. 제주도를 만들었다는 설문대 할망이라도 나타났으면 좋겠다. 코앞 진도 앞바다에서 세월호를 쏙 꺼내 물을 비워내고 아이들을 손으로 귀히 담아 촛불기도회가 열리는 단원고 교정에 내려놓았으면 좋겠다. 아이들 빠져나온 자리에 이번 일에 관계된 무책임하고 파렴치한 어른들 잡아다가 대신 넣어 겁 좀 주라고 그 고통 한 번 느껴보게 만들라고 부탁하고 싶다.

지금도 생명을 태우는 시간들이 째깍째깍 가고 있다. 이 시간에도 구조를 바라는 엄마 아빠의 마음은 숯검댕이가 되고, 애를 끊어내는 절규를 하고 있다. 아마도 자신의 손톱으로라도 세월호 갑판을 긁어내어 뚫고 자식을 꺼낼 수 있다면 열 손톱 뿌리까지 뽑혀도 그리들 하시겠지? 자신의 정강이 뼈라도 뽑아내어 세월호를 들어 올리는 지렛대로 쓰라면 당장이라도 그렇게 하시겠지?

'하느님, 부디 "배고프지? 엄마랑 밥 먹자!" 세월호 실종자 엄마가 이 말을 식탁 앞에서 다시 할 수 있도록 기적을 주십시오. 더 바랄 것은 없어요. 이 말이 다시 평범한 일상적인 말이 되게 해주세요.'

책상 위에 금 긋기

초등학교 시절, 책상 가운데 금을 그어 놓고 짝꿍과 많이도 다투었다. 견원지간처럼 지내던 나와 짝꿍에게 넘어서는 안될 선이었다. 선을 넘어온 팔꿈치는 밀쳐내고 학용품은 전리품으로 빼앗거나 빼앗겼다.

9시 뉴스 보도다. 공동경비구역 군사분계선을 북한 병사가 침범했다. 남측에 있는 밤나무 밑의 알밤을 주우려고 서너 발자국 넘었다. 유엔은 북한에 대해 군사정전법 위반이라고 항의하고 군사정전위원회를 소집할 것을 요구했다.

뉴스를 함께 지켜보던 일고여덟 살 아들들의 대화다.

“형, 알밤 줍는 게 뭐가 잘못되었다는 거야. 저 선은 넘으면 안 되는 거야.”

“왜냐면 저쪽은 북한 땅이고, 이쪽은 남한 땅이니까 그렇지.”

“그럼 북한 병사가 잘못한 거네.”

내 사랑 세종

한국사 자격증이 필요해서 인터넷 강의를 들으며 한국사 능력 검정시험을 준비하고 있다. 그러고 보니 우리 역사 공부를 처음 시작한 초등학교 때부터 지금까지 한결같은 게 있다. 한민족인 것이 자랑스러울 때가 있는가 하면, 숨기고 싶을 때가 있다. 세종대왕이나 이순신 장군의 업적은 가슴 벅찬 뿌듯함을 주고, 병자호란 삼전도 굴욕이나 조선총독의 양자가 된 안중근 의사의 아들 이야기는 들추고 싶지 않다.

오늘은 세종대왕의 조세제도 정비에 대한 강의를 듣고 있다. 가슴 뭉클 전율이 일며 역시 세종이구나! 세종은 이전의 조세제도가 보인 폐해를 없애고, 백성 입장을 대변하는 새로운 제도를 마련하려고 한다. 이에 세종 9년에 실시된 당하관을 뽑는 과거시험에 조세제도의 개혁 방안에 대한 문제를 낸다. 이제까지 과거시험에서 볼 수 없었던 실천적 문제였다.

답안으로 제출된 방안들을 참고해서 조세제도를 구상한다. 내용은 전분육등법田分六等法과 연분구등법年分九等法으로 요약된다. 토지의 비옥도에 따라 전답을 6등급으로 나누어 그 면적에 따른 세금을 매기고, 그해의 농사 형편에 따라 9등급으로 세액에 차등을 두어 거두는 제도이다. 토지 비옥도에 따른 생산량이나 풍흉작을 고려하지 않고 일률적으로 세금을 걷던 이전 시대와는 확실히 다르다.

더 놀라운 것은 이 제도를 마련하고 18만 명의 백성들을 상대로 의견을 묻는 설문조사로 제도를 수정 보완한다. 그 당시 조선 인구가 500만 명 정도였으니 실로 엄청난 사람들의 의견을 모은 셈이다. 요즘에 하는 정책 모니터링도 2천 명 정도 하는 게 보통인 데 말이다.

이 제도를 마련하고 급하게 적용하지 않았다. 1450년에 전라도에 시행하였고, 10년이 지난 1461년에 경기도, 그 이듬해 충청도, 그 다음 해에 경상도에서 시행하였다. 많은 백성의 의견을 묻고, 오랜 시간 적용해서 수정 보완한 후에 실시한 이 세제는 오늘날 세제와 견주어도 손색이 없다. 오히려 더 나아 보인다.

이 시대를 사는 우리는 국가 시책을 추진할 때 폭넓게 국민의 의견을 모으지 않고 급하게 서둘다가 졸속행정으

로 예산낭비 시간낭비를 얼마나 많이 하는가? 지금 당장의 당리당략 때문에 아전인수격으로 추진한 정책들이 후세에 엄청난 부담을 주진 않을지 반성할 일이다.

맘 놓고 애 낳아 키울 수 있는 나라

동료 여선생님이 오후 3시만 되면 퇴근을 했다. 궁금해서 물으니 모성보호시간의 혜택이란다. 2013년 공무원법에 따라 새로 생긴 모성보호시간은 임신 중에 2시간 내에서 휴식이나 병원진료를 받을 수 있는 제도이다.

이십년 전 초등학교 선생님인 안사람이 한 학교에서 연년생 아들을 낳을 때가 떠올랐다. 아이를 낳으면 두 달의 출산휴가를 낼 수 있었지만, 사실 맘 편하게 산후 조리할 수 있는 분위기가 아니었다. 학부모들이 출산휴가에 들어가는 것을 싫어하고, 관리자들은 대체 강사를 구하기 어렵다는 이유로 눈치를 주었다.

안사람은 연년생으로 애를 출산하다 보니 둘째를 낳고는 출산휴가를 내겠다는 말을 꺼내기가 쉽지 않다고 했다. 나에게 자기 학교 교감선생님을 만나 출산휴가를 낸다는 말을 대신 해달라고 부탁했다.

안사람 학교를 찾았다. 교감선생님은 이 학교에 애 낳으러 왔냐는 말로 불편한 심정을 드러냈다. 그 말에 불끈하여 애 낳는데 교감선생님이 도와준 것 있냐는 말로 응수했다. 순간, 교무실 분위기가 싸늘하게 얼어붙었다.

그 시절 공무원인 선생님들이 이 정도였으니 일반 직장인들의 고충은 말해 무엇하랴? 심지어 임신을 하면 직장을 그만둬야 하는 경우도 많았다. 그러고 보니 두 달이었던 출산휴가가 세 달로 연장된 것이 고작 2001년의 일이다.

이쯤에서 세종대왕의 선진화된 출산휴가 정책을 살펴 볼 필요가 있다. 세종은 전국에 있는 관청 노비에게 출산유급휴가 100일을 주도록 했다. 얼마 후에는 제도를 개선하여 산전휴가 30일과 출산한 노비의 남편에게도 간호휴가 30일을 주어 부인을 돌보도록 했다.

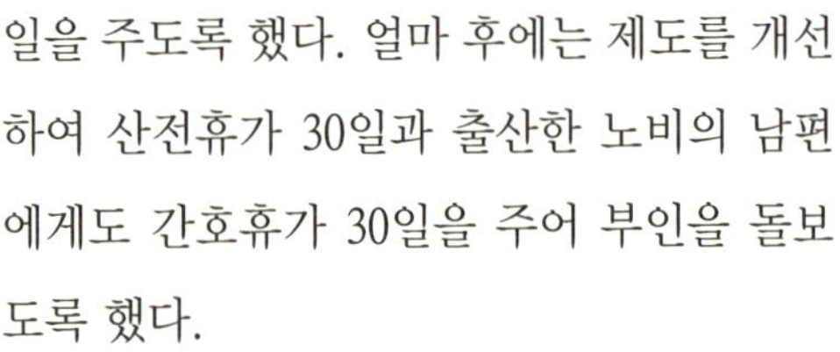

남성 의원에게 진료를 꺼리는 부녀자들을 위해 의녀제도를 전국으로 넓혔다. 지금으로 치면 산부인과 의사이자 간호사 역할을 한 셈이다. 그러고 보니 안사람도 여성질환으로 병원을 찾을 때 여의사가 있는 병원을 애써 찾는 것을 봐왔기에 이해가 간다.

세종의 출산휴가 정책은 그 시대 세계 어느 나라에도 유래가 없는 임산부 보호정책이자 생명존중정책이었다.

세종시대로부터 600년이 지난 2015년이다.

우리는 언제쯤, 맘 놓고 애 낳아 키울 수 있는 나라에서 살 수 있을까?

장애인 기표소

6·4 지방선거에 선거사무원으로 종사한다. 새벽같이 일어나 우리학교 체육관으로 향했다. 선관위에서 바지런하게도 투표에 필요한 시설물을 미리 설치해 놓았다. 기표소, 투표함, 선거인명부 확인석, 투표지 배부석, 투표함 관리석, 참관인석도 여느 때와 같이 익숙한 자리에 있었다.

그런데 지난번 대통령 선거 때와는 뭔가 조금 다르다. 자세히 보니 8개의 기표소 중에 모양이 다른 기표소 2개가 보였다.

기표소에 장애인 표시가 있는 것으로 보아 장애인 편의 시설임을 알 수 있었다. 휠체어가 들어가게 폭이 넓고, 바닥에는 유도선이 그려져 있으며 기표대는 앉아서 기표할 수 있게 낮다. 30년 전 새내기 대학생 때 투표권을 가진 후 한 번도 거르지 않고 투표를 했지만 처음 보는 광경이었다.

우리 사회가 제대로 성숙해지고 있군! 순간 기분이 좋아졌다. 늦은 감은 있지만 장애인을 배려한 대한민국 선거관리위원회가 맘에 들었다. 이번 일을 기획한 사람을 찾아내어 박수를 쳐주고 상이라도 주고 싶다.

선거인 3000명인 양평군 서종면 제1투표소. 투표마감시간까지 장애인 기표소를 이용한 사람은 한 사람도 없었다. 하지만 대한민국 곳곳의 투표소에서 이 시설을 이용한 장애인들은 사회의 작은 배려에 행복했을 것이다.

이번 선거에서 승리한 사람은 여당도 야당도 아닌 장애인 기표소를 건의한 그 누구와 대한민국 장애인들이라고 생각한다.

106동 꽃할머니

아이들 학업문제로 양평의 전원생활을 잠시 물리고, 인근 도시로 나와 난생 처음 아파트 생활을 하게 되었다. 안사람은 전원생활에 길들여진 나를 배려하여 신경을 많이 썼다. 넓은 평수에 한강이 보이는 전망 좋은 최고층 아파트를 구했다. 거실에는 뱅갈고무나무와 해피트리 같은 여러 그루의 초록 생명체와 수십 종의 다육식물을 새 식구로 들였다.

하지만, 안사람에게 미안하게도 내 전원향수병은 깊어 갔다. 갑갑한 아파트 생활이 점점 싫어질 즈음, 정붙일 일이 하나 생겼다. 바로 아파트 꽃밭에서 꽃을 보는 즐거움이다.

우리 동 꽃밭은 다른 동 꽃밭과는 품격이 다르다. 다른 동은 흔하디흔한 비비추나 맥문동 같은 식물 한가지로 채워져 있는데, 우리 동은 수십 종의 꽃들이 있다. 웬만한 들꽃수목원보다 낫다는 생각이 들 정도로…….

돌단풍이 이른 봄을 알린 후로 금낭화와 피나물이 그 뒤를 잇고 개량 달맞이꽃이 현란하더니, 유월 중순인 요즘은 쪽빛 산수국과 남보랏빛 으아리꽃이 눈을 뺐고, 봉오리를 한껏 부풀린 오리엔탈 백합과 각종 나리꽃이 다음 차례를 기다리고 있다.

'이 화단을 가꾸는 사람이 누굴까? 당연히 경비아저씨겠지.'

화단에서 건강하게 자라는 수많은 꽃의 면면으로 보아 화초 가꾸기에 일가견이 있는 분일 거라 지레짐작했다. 조만간 화초를 보는 즐거움을 주시는 것에 대하여 고마움을 표하리라 마음먹었다.

오늘도 퇴근길에 요즘 한창 물오른 산수국과 으아리꽃을 볼 욕심에 꽃밭에 섰다. 꽃밭 안의 꽃에 덧거름을 주는 사람이 보였다. 아무나 들어갈 수 없는 곳에 있는 것으로 보아 꽃밭을 가꾸는 주인공이 분명했다.

그런데 내 지레짐작이 틀렸다. 경비아저씨가 아니고, 칠십대 중반의 곱게 늙으신 할머니였다. 세련된 드레스에 앞치마를 두르고 챙 넓은 모자와 손에 든 모종삽이 잘 어울렸다.

반가운 마음에 물었다.

"이 화단, 할머니가 가꾸는 거예요? 누가 이렇게 화초를 잘 가꾸나 궁금했어

요. 덕분에 예쁜 꽃을 볼 수 있어서 좋아요."

할머니는 아파트에 입주한 이십 년 전부터 꽃들을 손수 가꾸었다고 했다. 꽃을 구해 심고 가꾸느라 솔찮은 돈이 나가지만 소일거리 삼아 하신다는 것이다.

할머니는 손수 가꾸는 꽃밭에 관심을 갖는 내가 좋아보였는지 나를 꽃밭 안으로 이끌었다. 곧이어 당신만의 꽃강의를 시작하셨다. 이곳에 있는 꽃 가짓수가 화분까지 합쳐 65종이라고 하시며, 꽃들이 심어진 자리를 가리키며 그 이름을 줄줄 외워내셨다. 그리고 이십 년간 꽃들을 가꾼 일화를 술술 풀어냈다. 그 이야기가 판소리 한마당을 듣는 것 같았고 꽃에 대한 각별한 애정이 느껴졌다.

저녁밥 먹으라고 재촉하는 안사람의 전화가 두 번이나 왔으나, 할머니의 꽃강의는 그칠 줄 몰랐다. 할머니는 세 번째 전화벨이 울리고서야 꽃강의를 멈췄다. 난 강의료로 양평집에 있는 작약서너 뿌리를 드리겠다고 약속했고, 할머니는 양평집 정원에 한번 가보자고 하셨다. 흔쾌히 그러마고 화답했다.

106동 꽃밭. 당 현종과 양귀비의 사랑 이야기가 엮인 화청지華淸池에 심겼을 기화요초琪花瑤草가 부럽지 않다.

106동 꽃할머니는 내 전원향수병 치료사 역할을 톡톡히 하고 있다.

경인교대 류훈 선생님을 추모하며

은사님의 부고를 받았다. 믿기지 않는 일. 겨우 예순 한 살이신데 백세 시대라는 요즘 뭐가 그리 바쁘셨나?

안사람과 선생님을 뵈러갔다. 하얀 국화꽃 사이에서 활짝 웃고 계셨다. 이십 년 전, 신혼여행을 다녀와 인사를 드릴 때처럼 다시 선생님 앞에 나란히 섰다. 두 배 반의 절과 향불 지피는 걸로 선생님이 베풀어 주신 은혜에 알량한 보답을 했다.

선생님. 경인교대(예전 인천교대) 미술과 조소파트 출신들은 교수님을 선생님이라 부른다. 주머니 가벼운 교대생에게 조교 신분에 빠듯했을 박봉을 쪼개어 밥과 술을 많이도 사주시며 우리들을 친동생처럼 거두셨다.

대학 새내기 시절 내가 선생님을 만난 것은 인생의 전환점이었다. 항아리공장 사장님 아들이었던 나는 조소실에서 나는 친숙한 찰흙 냄새에 이끌려 조소파트를 자원했다. 인체조소를 가르치는 선생님의 제자가 되었다.

나에게 걸음마 아기 때부터 만지던 찰흙으로 인체를 성형하는 일은 그리 어렵지 않았다. 선생님은 찰흙을 능숙하게 다루고 콩알 만한 찰흙마저도 소중히 여기는 나를 각별하게 아끼셨다. 당신이 아시는 한 인체해부학과 인체조소기법을 아낌없이 전수하셨다.

드디어 대학 3학년 때 전국대학미전. 미대생이 아닌 교대생은 실력으로 볼 때 참가하기 어려운 미전이었다. 하지만 선생님의 제자인 나는 달랐다. 그 미전 조소분야에서 당당히 상을 받았다. 서울대, 홍대 미대 조소과 학생들과 어깨를 견준 것이다. 내 청춘에서 가장 빛나는 자존감을 갖게 한 일이다. 그 일은 경인교대 조소과의 전설이 되었고 작품은 우리집 정원에 자랑차게 서 있다.

대학생활 내내 선생님은 멘토이자 친구였다. 어려운 일을 겪을 때마다 조교실 쪽방을 찾았다. 그때마다 선생님은 오징어와 소주를 내어놓고 혜안있는 말씀으로 앞길을 열어 주셨다.

초등학교 선생님이 되어 십이 년 차 되던 해, 선생님께 다시 배움을 청했다. 경인교대 미술과 대학원에 입학. 좋아하는 인체조소를 다시 할 수 있었고 그걸로 논문을 썼다. 인체조소 실력은 한층 늘었고 분신과 같은 작품 여러 점을 만들었다. 이 작품들로 우리집 정원은 조각공원이 되었다.

그때 내 나이는 선생님을 처음 만났던 때처럼 삼십대였다. 나는 선생님의 가정사를 닮아가는 가장이 되어 있었다. 내가 평교사에서 부장교사로 그리고 관리자를 준비하는 교사로 늙어가듯,

선생님은 조교에서 강사로 부교수로 정교수로 미술과 학장으로 그렇게 늙어가셨다.

경인교대 미술과 조소파트는 선생님을 구심점으로 몇 년에 한 번씩 인사동 갤러리에서 조소 동문전시회를 열고, 해마다 두세 차례씩 선생님과의 만남을 이어갔다. 그러면서 동문의 정을 나누고 경인지역에서 교직의 동반자로 성장해갔다.

오늘도 우리는 모였다. 선생님 댁이 있는 신촌의 선술집이 아니라, 신촌의 장례식장에 모여 있다. 아, 이런 자리는 아니었는데…….

내일이면 선생님은 우리의 뜨거운 청춘을 함께 했던 때처럼 뜨거운 자리에 계실 것이다. 소탈하신 평소 모습처럼 단출하게 자신을 담으셔서 북한산 자락에 두신다고 하신다.

'나의 선생님, 부디 영면하소서.'

류훈 선생님 묘지 글

경인교대 류훈 선생님 49재. 선생님께서 현생의 업을 접으시고 다음 생으로 가시는 길에 경인교대 미술과 출신들이 배웅을 나왔다. 선생님을 기리는 묵념 후에 내가 쓴 추모 수필을 읽는 것으로 간단한 의식이 끝났다. 선생님과의 헤어짐이 아쉬웠는지 누군가 선생님과 함께 사진을 찍자고 제의했다.

우리 동문들은 선생님 묘지를 가운데 모시고 병풍처럼 둘러서서 선생님과 사진을 찍었다.

이승에서의 마지막 사진을 찍으신 선생님은 하얀 국화꽃이 되어 돌아서셨다. 선생님은 떠나시며 그 자리에 당신 몸 대신한 조각 작품을 세워 두셨다. 그때 묘지석을 대신한 조각 작품 받침돌에 새겨진 글이 눈에 들어왔다.

류 훈

1954-2014

조각가

스승

남편

아버지

선생님은 당신의 한평생을 추리고 추려 네 단어로 새겨놓고 그리 가셨다.

지나친 믿음

2014년 브라질 월드컵 준결승전 브라질-독일 경기. 믿기지 않는 일이 벌어졌다. 월드컵의 영원한 우승 후보이자 세계 최강이라 자부하는 브라질이 독일에 1-7로 대패했다.

브라질 국민들은 1950년 이후 64년 만에 다시 자국에서 개최하는 월드컵에서 우승은 당연한 거라 여겼다. 하지만 결과는 절망이었다. 브라질 국민들은 상상도 못한 충격적인 패배에 집단 우울증에 빠져들었고 브라질 곳곳에서 방화와 약탈, 폭력 등 소요사태가 발생했다.

브라질 벨리오리존치시에 있는 미네이랑 경기장에서 벌어진 브라질과 독일의 준결승전은 '미네이랑의 비극'으로 기억되며 브라질 축구역사에 뼈아픈 상처로 남게 되었다.

64년 전인 1950년 브라질 월드컵 때도 이와 유사한 일이 있었다. 이때도 브라질 국민들은 자국에서 열리는 월드컵에서 우승을 장담하고 있었다. 껄끄러운 상대인 아르헨티나가 경기에 불참했고 강팀으로 분류되던 잉글랜드와 이탈리아는 예선에서 탈락했다. 당시의 결승전은 조별예선을 통과한 4개국이 리그전을 치러 최고 성적을 거둔 팀이 우승하는 방식이었다.

예상대로 브라질 대표팀은 스웨덴을 7-1, 스페인을 6-1로 제압하며 승승장구했고, 마지막 우루과이와 경기에서 비기기만 해도 우승컵을 들어 올릴 수 있었다.

브라질 국민들은 우승을 의심치 않았다. 경기 전 연설에서는 브라질의 우승을 미리 축하한다는 말이 나왔고, 브라질 전역이 이미 우승을 자축하는 분위기였다.

그러나 결과는 우루과이에 1-2 역전패! 순간 마라카낭 경기장은 쥐 죽은 듯 적막. 곧이어 고요를 깨는 2발의 총성. 충격적인 패배에 2명의 관중이 총을 쏴 자살한 것이다. 2명의 관중은 심장마비로 숨졌고 수십 명이 실신했다. 분노한 관중들 때문에 우루과이 대표팀은 우승 트로피 수여식도 못하고 도망치듯 경기장을 빠져나갔다.

브라질 전역에 조기가 걸렸고 일부 지역에서는 폭동이 일어나기도 했다. 브라질 국민들은 이 결승전을 '마라카낭의 비극'이라 부르며 오래도록 괴로워했다. 브라질 대표팀의 유니폼은 이날 이후로 흰색에서 지금의 노란색으로 바뀌는 계기가 되었다.

두 비극에 공통점이 있다. 바로 지나친 믿음이 있었다는 것이다.

브라질 국민들은 1950년에도 2014년에도 자국에서 열린 월드컵에서 세계 최강을 자부하는 자국팀이 우승할거라고 지나치게 믿었다. 브라질 대표팀도 자신들의 실력을 지나치게 믿은 나머지 상대팀에 대한 준비를 소홀히 했을 수도 있다. 또한 스스로 최강이라 여기기 때문에 실점에 당황하여 바로 만회골을 넣으려는 무리한 공격을 하다 추가 실점을 계속 허용해 대패를 불렀을 수도 있다.

때론 지나친 믿음이 비극을 부를 수도 있다!

자전거를 타고 이야기 속으로

자전거 타기를 새로운 취미로 삼았다. 여름방학을 맞아 덕소 전셋집에서 양수리 집까지 왕복하는 게 요즘 나의 일상이다. 아침 일찍 떠나 두 시간 못 되게 달려 양수리 집에 도착하여 정원과 텃밭을 가꾼다.

이 일도 거듭하다 보니 페달 밟기에 급급했던 처음과는 달리 주위 경치가 눈에 들어오고 지나치는 곳에 얽힌 갖가지 이야기들을 찾아내게 되었다.

오늘도 덕소를 떠나 양수리로 향하며 이야기 속으로 여행을 떠난다.

팔당대교 방향으로 힘껏 페달을 밟았다. 오른편으로 한강 너머 하남시가 보인다. 백제 첫 도읍지 위례성으로 추정되는 많은 유적들이 발견된 곳이다. 그 동쪽에 검단산이 보인다. 온조왕이 하남시 일대를 도읍으로 정하고 성산으로 여긴 산꼭대기에 고구려 시조 동명성왕에게 제를 올리는 제단을 쌓았다고 한다.

팔당대교를 막 지나자 검단산 자락에 배알미리란 강변 마을이 눈에 들어온다. 조선시대에 뱃길로 한양에 가던 사람들이 팔당의 이 협곡에 이르면 임금이 계신 한양이 처음으로 보이기에 임금을 배알하는 절을 올렸다는 데서 유래했다는 설이 있다.

이번엔 배알미리 옆에 도미진이라 불리던 한강의 옛 나루터가 보인다. 백제 시대의 설화 '도미의 부인' 전설이 깃든 곳이다. 이야기는 백제 4대왕 개루왕 때로 올라간다. 도미라는 사람의 부인이 엄청난 미인이어서 왕까지도 도미의 부인을 탐하게 되었다. 왕은 도미에게 누명을 씌워 두 눈을 뺀 다음 귀양을 보냈고, 도미의 부인을 궁궐로 불러들여 욕을 보이려 한다. 도미의 부인은 시간을 끌다 탈출하는데 성공하여 배알미리 옆 나루터에서 배를 얻어 타고 남편이 있는 천성도로 가서 행복하게 살았다고 한다. 그런 이유로 이 나루터를 도미진이라고 부르게 되었다.

또 페달을 밟는다. 수도권 이천 만 명의 생명수를 저장하는 팔당댐이 우측으로 보인다. 이곳의 지명이 '팔당'이다. 강의 양쪽 산세가 수려하여 팔선녀가 내려와 놀던 자리가 여덟 곳이나 있고 그 자리에 당堂을 지어 놓았다고 해서 '팔당'이라 부른다고 한다.

팔선녀를 뒤로 하고 또 페달을 밟는다. 봉안터널이라는 시원한 터널을 지나면 팔당호가 펼쳐지고, 조금 더 다리품을 팔면 능내역에 도착한다. 지금은 폐쇄된 기차역인데 동화 속에 나올 것 같은 작은 역사다. 이곳이 남양주 능내리이다. 다산 정약용의 생가와 무덤이 있는 곳으로 정약용의 실학사상이 태어나서 잘 정리되고 끝을 맺은 마을이다. 정약용은 조선 후기의 대학자로 정조의 총애를 받았던 관료였다. 그는 대표 저서인 『목민심서』, 『경계유표』를 비롯한 500여 권의 저서를 남겼다. 또한 수원 화성을 쌓을 때 거중기를 이용한 것으로 유명하다.

이번에는 양수리 한강 철교를 향해 나아간다. 시원한 한강 줄기가 펼쳐지며 양수리가 보인다. 남한의 금대산에서 발원하는 남한강과 북한의 금강산에서 발원하는 북한강이 만나는 곳이다. 이곳을 두물머리라 하는데 이곳 주민들의 신성한 당산나무인 느티나무가 보인다. 이 느티나무는 우리에게 이런 말을 하는 것 같다.

"한반도에 터를 잡은 한민족은 하나의 민족이다. 남한강 북한강이 만나 한가람인 한강을 이루듯 남북한 사람들도 하나로 합쳐 통일을 이루어라."

자전거가 들려주는 이야기를 들으며 밟은 페달로 어느새 양수리 내 집 앞마당에 도착해 있다.

'잘 있었는가? 내 또 다른 집이여!'

시대를 앞서간 취미생활

주말에 양평역을 출발해서 남한강에 있는 이포보를 지나 여주보까지 라이딩에 나섰다. 양평 세월초등학교 백승돈 교장선생님과 길동무를 했다.

양평역을 출발해서 이보포로 가는 중에 강 건너편을 가리키며 당신네 학교라고 일러주셨다. 그리고 가끔 자전거로 출퇴근 하신다는 말을 자랑으로 꺼내셨다. 양평에서 이포보를 건너 학교까지 왕복 44km 거리를…….

'만만치 않은 거리인데. 대단하시다!'

갑자기 속력을 내기에 뒤를 따르는데 자전거 탄 모습에서 34년 전 내 중학교 시절 교장선생님이 생각났다.

나는 1980년 용인 남사중학교라는 시골학교에 입학해서 참 희한한 광경을 보았다. 교장선생님이 말을 타고 출퇴근을 하시는 모습. 시골이기에 버스 편이 많지 않아 교직원들은 걷거나 자전거 출근을 할 때였으니 상상하기 어려운 장면이었다. 실제 말을 보려면 동물원이나 가야할 시절이었으니 지금으로 치자면 '세상에 이런 일이'란 텔레비전 프로에 나올 만한 일이다.

교장선생님은 일상의 일도 말을 타고 하셨다. 마을 잔치에 말을 타고 오셨고 장에 가실 때에도 말을 타셨다. 휴일에는 저수지 둑방길이나 신작로를 말을 타고 달리셨다. 그 모습은 그야말로 굉장한 볼거리였고 범접하지 못할 부러움을 넘어 경외스러웠다.

교장선생님은 출근하시면 사육장 옆에 따로 지은 마사에 말을 두셨다. 각 반 임원들에게 당번을 정하여 꼴을 베어오게 했다. 우리들은 그 일을 대단한 영광으로 생각했다. 이유는 꼴을 먹이며 말을 가까이서 볼 수 있기 때문이다. 하지만 무슨 이유에서인지 이듬해 말은 병에 걸려 죽고 말았다. 누군가 독초를 잘못 뜯어다 먹였을 거란 소문만 무성했다.

아쉽게 되었지만, 교장선생님은 취미 생활을 거기서 멈추지 않으셨다. 대형 오토바이를 사서 붕붕 소리를 내며 그야말로 폼나게 출퇴근을 하셨다. 까만 가죽잠바와 바지에 선글라스를 쓰는 것도 잊지 않으셨다. 그 모습은 그 시절 시골마을 풍경과 정서에 비한다면 파격적인 눈요깃거리였다. 마을 잔치나 가정방문 때 마당에는 어김없이 번쩍번쩍 빛나는 오토바이가 섰다. 예전처럼 오산장날에도 오토바이를 타고 가셨다. 이번에는 혼자가 아니라 두 분이 오토바이를 타고 가신다. 교장선생님 허리춤을 감싸 안고 엉덩이를 엉성하게 뒤로 뺀 사모님 모습 때문에 '풋'하며 웃음을 터뜨리는 걸 덤으로 주셨다.

구본홍 교장선생님, 지금 살아 계시다면 90을 넘기셨을 연세다. 요즘은 어떤 취미생활을 하고 계실까? 빨간 스포츠카를 타고 제주도 해안도로를 달리고 계시진 않을까?

한 시대를 앞선 취미 생활을 하신 분! 멋있는 분!

뒤뜰 무덤 주인

우리집 뒤뜰에는 무덤 한 기가 바싹 다가앉아 있다. 무덤 때문에 땅을 살 때 적잖이 고심했다. 집터 가까이 무덤이 있는 게 달갑지 않았다. 하지만 수대째 이 마을에 살았다던 어르신의 말씀이 이 산자락이 누에가 고치를 트는 형상이니 이 터에 집을 지으면 재물이 굴러들어올 거라 하셨다. 그 말씀으로 무덤이 있다는 단점은 이내 덮였고 길한 터에 집을 앉혔다.

하지만 뒤뜰에 나갈 때마다 마주치는 무덤이 싫었다. 더 마음 불편한 것은 우리 집을 찾는 이들이 열이면 열 무덤이 있는 게 옥에 티라고 하는 것이다.

집을 짓고 처음 맞는 추석을 앞둔 날, 칠십대 노인 한 분이 무덤을 찾았다. 그해 이후로 아홉 해 동안 해마다 그맘 때 성묘를 오셨다.

추석을 앞둔 오늘도 어김없이 오셔서 숫돌 좀 빌려 쓰자고 하셨다. 잘 버린 낫으로 쪼그려 앉아 벌초를 하셨다. 그 모습이 어째 몇 해 전보다 훨씬 더 노쇠해 보이셨다. 안쓰러운 마음에 시원한 음료수를 가져갔다.

노인은 음료수 값을 지불하듯 무덤 주인에 대한 이야기를 풀어냈다. 무덤 주인이 아버지라고 하셨다. 이 마을 수천 평 땅이 모두 아버지 땅이었다고도 했다. 하지만 땅부잣집 아들이었던 자신은 그 혜택을 하나도 누리지 못했다. 아버지가 작은 마누라를 들인 후로, 씀씀이 헤픈 작은 마누라 꼬임에 빠져 몇 년이 멀다하고 땅을 뚝뚝 떼어내 팔아서 탕진했다. 돌아가실 임시에는 재산 다 말아먹고 당신이 지금 묻힌 산자락만 남았고 결국 이곳에 묻혔단다. 그리고 이 산자락마저 작은 마누라 자식들이 팔아먹는 바람에 이제 남의 땅에 묻힌 신세가 되었다는 것이다.

한숨 깊게 쉬고 이야기를 마무리 하셨다.

"오늘이 마지막 벌초구먼. 산주인에게 자꾸 산소 파가라는 협박 아닌 협박 전화가 와. 하기사 우리 땅도 아니니. 나도 언제 죽을지 모를 팔순 노인네니 죽기 전에 해결해야지. 마침 올 십일월이 윤달이니 그때 파묘하고 화장해서 산골(뼈를 뿌려드림)하여 드리려고 해."

십일월 윤달이 왔다. 노인은 굴삭기와 일꾼을 데리고 무덤을 찾았다. 뼈를 추려 화장장으로 모셔간단다.

아버지를 추린 뼈를 실은 노인의 허름한 승용차가 마을 어귀를 빠져나가는 뒷모습을 보는 데 기분이 참 묘했다.

봉분이 없어진 산소자리에 서봤다. 서운함이 밀려왔다. 분명

옥에 티였는데……. 봉분이 없어진 자리에 쭉쭉 그어진 굴삭기 이빨 자국이 참 못됐다는 생각이 들었다.

봉분 없는 산소자리가 허전하다!

근처 잣나무 숲에서 애기 잣나무 한 그루 캐어 봉분 자리에 심었다.

오덕군자五德君子

토요일 오후가 되면 어김없이 나를 찾는 친구가 있다. 텃밭을 일구다 정원을 가꾸다 집을 손보다 일을 마친 가장 한가한 시간에 찾아오는 이 친구는 누굴까?

'막'이라는 성씨에 '걸리'라는 이름의 친구다. 술 싫어하는 이들은 이 친구가 '막'씨 중에 막된놈과 동성동본일거라 오해를 한다. 하지만 절대 아니다. 엄밀하게 구분하면 막된놈은 '막돼먹다'란 성씨고, 막걸리는 '막거르다'란 성씨다. 뿌리부터 다르다. 이 친구는 막돼먹은 것과는 거리가 먼 그야말로 막걸러 낸 것처럼 소탈한 성격이다.

막걸리를 친구로 삼은 것은 칠년 전 위궤양 진단을 받고서다. 술을 배운 이래 독한 술로 폭음을 즐겼더니 마흔을 넘기자 위벽이 상했다. 애주가인 나는 건강 걱정보다 술을 끊으면 무슨 낙으로 살지 하는 걱정이 앞섰다.

그때 조선시대 이판서라는 분이 의사를 추천했다. 어느 날 이판서 아들이 아버지에게 좋은 술을 마다하고 막걸리만 드시냐고 물었다. 이판서는 아들에게 소 쓸개 세 개를 구해 오라고 했다. 쓸개마다 소주, 약주, 막걸리를 담아 두게 했다. 며칠 후 쓸개주머니를 열었더니 소주와 약주를 담은 것은 벽에 구멍이 숭숭 뚫리고 헐었는데, 막걸리를 담은 것은 벽이 오히려 전보다 두꺼워져 있었다.

이판서가 추천한 의사는 위궤양을 치료해 주었고 우리는 칠 년 째 친구의 정을 나누고 있다. 아마도 평생지기 친구가 될 성 싶다!

나 이외에도 이 친구를 좋아하는 사람들은 많다. 세종 때 재상 정인지는 아기가 엄마 젖을 빨며 생명을 키우듯 막걸리는 노인의 생명을 지켜주는 젖줄이라고 하였다. 정인지를 비롯하여 문호 서거정과 명신 손순효 같은 분들은 노년에 막걸리로 밥을 대신하여 무병장수했다.

또 옛 사람들은 막걸리가 오덕五德을 지녔다고 했다. 그 오덕은 인사불성으로 취하지 않고, 새참으로 마시면 요기가 되고, 노동으로 지쳤을 때 마시면 기운을 돋우고, 마시고 넌지시 웃으면 안 되는 일도 술술 풀리고, 여럿이 바가지술을 돌려 마시면 맺힌 응어리가 풀린다고 했다.

이러한 이유로 나는 막걸리를 오덕군자五德君子라 칭송한다.

이 친구를 만나기 전에 만났던 독한 친구들은 가끔 나를 인사불성이 되게 했다. 술만 먹으면 그야말로 뭐(?)로 만들곤 했다.

하지만 이 순한 친구는 많이 마셔도 정신줄을 꼭 붙들게 해준다. 그저 술값이 아까우면 흥에 겨운 콧노래와 약간의 비틀거림을 허락할 뿐이다.

힘든 일을 하다 출출할 때 막걸리를 마셔보라. 천상병 시인의 막걸리란 시의 구절이 절로 흥얼거려진다.

'막걸리는 술이 아니고 밥이나 마찬가지다. 밥일 뿐 아니라 즐거움을 더해 주는 하느님의 은총인 것이다.'

정원 돌탁자 위에 김치와 벗하여 앉은 오덕군자가 나를 물끄러미 올려다보며 시비를 건다.

"어째, 오늘은 뭐 어쩌자는 거요?"

그 시비에 김 선생이 무심히 하는 말.

"자네와 벗하며 아름다운 소풍이나 떠나지 뭐."

해설

이 사람을 만나고 싶다

나태주 시인 · 공주문화원장

이 사람을 만나고 싶다

나태주 시인 · 공주문화원장

1. 뜬금없는 부탁

뜬금없이 대전에서 지혜출판사 대표 반경환 평론가로부터 한 통의 전화가 오고 우편물이 배달되어 왔다. 우편물은 수필집 교정지이고 용건은 그 수필집에 해설이든 추천사든 써 달라는 것이었다. 많이 의아한 주문이었다. 책의 저자도 모르는 사람이고 나는 산문의 전문작가가 아닌데 남의 수필집에 글을 쓰는 것도 자신이 없었다.

주변의 일, 강연 일정으로 복닥거리며 여러 날 미루다가 더 이상은 미룰 수 없어 늦은 저녁 시간 글을 읽기 시작했다. 한두 편 읽어보고 대충 글을 쓰겠다 생각했는데 그게 아니었다. 글이 나를 놓아주지 않았다. 한두 편 읽어봐서는 안 될 것 같고 끝까지 읽어봐야겠다는 생각이 들었다.

무엇보다도 글이 매력이 있었다. 읽으면 읽을수록 내가 글 속으로 빠져드는 느낌이었다. 야, 이것 좀 보시게. 글 솜씨가 보통이 아니네. 처음에는 그런 생각이 들었는데 읽어가면서 점점 나는 글한테 밀리고 있었다. 종내는 무릎을 꿇고 말았다. 알았소. 내가 졌소. 이제는 완전히 글이 갑이 되고 내가 을이 되었다.

일찍이 글이란 것은 그래야 한다. 읽는 사람을 옴짝달싹 못하게 굴복시켜야 한다. 신기하고 거창한 내용, 화려한 수사나 현학적인 표현, 결코 그런 것이 아니다. 애당초 그럴 양이면 이쪽에서 눈을 거들떠보지도 않았을 것이다. 그런 글들이 세상에는 얼마나 많은가. 글을 읽다가 방바닥에 내팽개쳤을 지도 모를 일이다.

작은 이야기, 주변의 보통 사람들, 하찮은 내용, 그런 것들이 좋은 표현을 만나야만 그런 것이다. 감동 말이다. 글을 앞에 두고 감동이란 말보다 더 좋은 말은 없다. 우리가 글을 읽는 것은 감동 받기 위해서 읽는 것이다. 하기사 모든 예술 행위, 인간의 삶, 만남 자체가 감동을 위해서 있는 것이다.

요즘 책이 안 팔린다고 아우성이다. 독자들을 탓하는 목소리가 높다. 그러나 조금은 반성이 앞서야 한다. 글 쓰는 사람 입장에서 반성이 있어야 하고 책 만드는 사람들 입장에서 반성이 있어야 한다. 자기 좋아서만 제멋대로 글을 쓴다거나 소란스럽기만 했지 실속 없고 도움도 되지 않는 책을 내어 허풍을 떨지는 않았는가 말이다. 책도 그렇고 글도 그렇다. 어떡하든 자기네 삶에 도움이 되어야만 글을 읽는 것이고 책을 사기도 하는 것이다.

초등학교에서 아이들을 가르치는 선생이라 그러셨나? 그러고 보니 나도 예전엔 초등학교 선생이었다. 그것도 오래 하고 나서

정년퇴직을 하고 지금은 홀가분한 민간인 신분이다. 교직생활을 돌이켜보면 지금도 나는 등골이 오싹하도록 부끄럽고 창피스러운 느낌이 있다. 그런데 이 분은 전혀 안 그런 것 같다. 그것부터가 남다르고 신선하다. 그러면 슬슬 이 사람의 책을 읽어볼까.

2. 참 아름다운 사람들의 나라

이 책은 4부로 구성되어 있다. 백 십여 편의 글 중 대부분은 그 길이가 길지 않은 매우 정갈하고 단출한 글들이다. 1부는 선생님. 아무래도 교직생활이 가장 중요했던가 보다. 제일 앞서 나와 있고 편수도 제일 많은 마흔 여섯이다. 2부는 가족. 3부는 전원일기. 4부는 막걸리 인생.

물론 가족 편은 직장 다음으로 마음이 가는 주제였을 것이고, 전원일기는 시골에 집을 짓고 사는 이야기요, 막걸리 인생은 취미생활이라든지 소소한 일상에 대한 소회를 담은 글들이 모였다. 글을 읽으면서 메모한 내용을 여기에 정리해보면 이렇다. (전편을 모두 살피는 일은 좀 너스레가 긴 것 같고, 1부의 아홉 편만 정리해보려고 한다.)

「청개구리 소동」— 30대 초반 교직 생활 중 완구란 이름의 제자와 있었던 그로테스크한 일을 회상하는 내용이다. 글이 동화적이고 재미있고 익살스럽다. 책을 펼치자마자 문장이 매우 맛깔스럽다는 느낌을 갖게 하여 독자의 마음을 책 속으로 끌어당기는 구실을 하고 있다.

「빨간색 부츠」— 짧지만 예쁜 내용이다. 은지란 아이의 일기장에서부터 번지는 감동은 아주 넓게 조용하게 은은하게 번진다. 파스텔 색감이다. 너무나 아름다워 눈물이 번지려고 그런다. 늦은 밤, 졸린 눈을 붙잡고 놓아주지 않는다. 아, 이런 세계가 있다니! 그렇다면 세상은 아주 망한 것이 아니고 아주 살맛 없는 곳도 아니란 생각을 갖게 한다.

「팔자주름 캐리커처」— 승훈이란 아이. 공부는 별로였지만 선생님의 칭찬으로 만화 그리는 사람이 된 학생의 이야기. 스승과 제자의 참된 교감을 보여주며 초등학교 교사가 매우 아름다운 직업이고 보람찬 사업이라는 생각을 갖게 한다. 한 편의 글이 주는 위력이다. 이런 글이라면 전국 교육대학교 학생들이 필수적으로 읽어보아야 할 것이라고 생각한다.

「청군 백군」— 전통적으로 운동회 때면 전교생이 청군 백군으로 갈라져 겨룬다. 그걸 저자가 나서서 '반딧불이 팀'과 '물사랑이 팀'으로 바꾸었다 하는 게 아닌가. 더 나아가 다른 학교에서는 '남한강 팀'과 '북한강 팀'으로도 바꾸었다 하지 않는가. 새롭고도 대단한 발상이다. 그러면서 저자는 슬그머니 김우람솔, 김우람찬이란 자신의 아들들 이름을 보너스로 끼워 넣어 자랑하기도 한다. 귀엽다.

이런 문장은 저자만이 구사할 수 있는 참 아름답고도 맵시 있는 문장이다. "열 한 살 된 반딧불이 물사랑이 깃발이 나부끼고 있다. 올해로 서종초등학교(서종초 정배분교 포함)에 십일 년째 근무하는 김 선생의 지나간 청춘이 다시 나부낀다." 그렇다. 운동회 깃발이 나부낄 때 저자의 마음만 나부끼는 것이 아니라 독자들의 마음도 따라서 나부낀다는 것! 매우 고무적인 세상이다.

「스물두 번째 맞는 스승의 날」— 스승의 날, 제자들이 주는 손편지가 사라진 세태를 섭섭해 하던 저자에게 전달된 아이들과 학부형들의 손으로 눌러 쓴 육필 책 한 권을 받아든 저자의 감회가 들어있다. 그 감회는 물론 독자의 감회이기도 하다. 그 선생님에 그 아이들에 그 학부형들이다.

「오늘은 당신의 날이에요」— 힘겨운 혁신학교 지정 실사면담 발표자로 나서는 남편(저자)에게 보내는 부인의 응원. "오늘은 당신의 날이에요. 믿어요." 이 짧은 두 문장이 울컥 마음을 움직인다. 특히 '믿어요'란 말은 그 얼마나 든든하고 힘이 있는 말인가. 참으로 이 책은 마음을 울렁이게 하는 글들로 채워져 있다. 브라보다.

「분교의 동화 같은 입학식」— 글이 쓸데없이 길어지고 아름다워지려고만 기를 쓰는 세태에 굳이 그러지 않아도 좋다는 것을 일깨워주는 글이다. 이런 선생님이 부럽다는 생각을 또다시 하게 된다. 이태준 선생이나 김기림 선생의 산문집을 읽어보면 한 편의 글이 너무나도 짧고도 완벽한 데에 놀라는데 오늘날 바로 김용우 작가의 글이 그렇다.

「개뼉따귀 선생」— "살이라고는 하나 없는 개뼉따귀 같이 생겨 가지고…." 초등학교 2학년 여자아이가 이런 말을 했다니. 돌직구도 여간한 돌직구가 아니다. 그런데 이런 아이를 앞에 두고 교사가 이렇게 반응하기는 또 어렵다. "그런데 부탁하마. 그러지 않아도 말라 고민인데. 마른 것 가지고 또 폭언하면 그땐 가만 안 있는다. 개뼉따귀 같은 막말 잘하는 개뼉따귀 선생 제자야." 거기다가 이런 문장 표현은 개성적이고 옹골차다. "아이들을 모두 하교시켰는데 하은이의 말은 하교하지 않고 귓속을 맴돌았다."

「구부러진 숟가락」— 급식시간에 숟가락을 구부리며 지네들한테 절한다고 장난치는 아이들을 보고 화가 난 선생님이 그 숟가락을 빼앗아 아이들 이마를 한 대씩 때린 날의 교단일기다. "아! 힘든 오후다. 속이 메스껍고 거북하다." 솔직하면서도 힘 있는 자기 고백. 전직 교직자의 동병상련을 일으킨다. 왜 이런 일이 한 번만 있었을까. 여기서 '구부러진 숟가락'은 숟가락이면서 저자 자신이다. 중의를 지닌다는 것을 독자는 모르지 않는다.

3. 왜 사람이 보고 싶은가?

이분의 글은 끝까지 한 문장 한 문장 사람의 마음을 붙잡고 놓아주지 않는다. 놀라운 마음의 힘이다. 그의 능력이요 덕성인 것이다. 가족에 대해서 쓴 2부에서도 잔잔하면서도 아름다운 가족 사랑을 쓰고 있다.

두 아들의 이름 짓기에 얽힌 사연. 소낙비 내리는 날, 아들들과 마당에 나가 발가벗고 목욕을 한 이야기. 그것을 못 이기는 듯 빙그레 웃으며 보아준 부인의 여유. 어버이날 먼 곳에서 학교 다니는 아들아이가 부모님 몰래 놓고 간 카네이션 화분. 글을 읽다가 이런 문장은 아무래도 밑줄을 치게 된다.

"참으로 오랜만에 아들에게 전화를 했다. 수화기 너머 먼 일산에서 한달음에 달려온 아들 목소리. "아빠, 길러주셔서 감사합니다." 수년 동안 듣고 싶었던 이 한 마디. 보고픈 아들이 거실 탁자 위에서 활짝 웃고 있다."

가족들이 합심하여 오래된 향나무 그루터기를 다듬어 모친에게 향나무 목침을 해드린 이야기. 효도가 무엇인가 눈으로 보는 듯 보여준다. 목침을 선물로 받고 하시는 모친의 말씀 좀 들어보시게. "눈을 감으니 향기가 들리는구나." 이보다 놀라운 고급의 시가 없다. 시란 눈에 보이지 않고 들리지 않는 감정을 눈에 보이고 들리는 것처럼 표현하는 글이다. 그 모친의 이 한 마디 언급이야말로 촌철살인이다.

그만 쓸까? 그래도 조금만 더 쓰자. 저자는 거기서 그치지 않고 장모님에 대한 이야기도 내놓는다. 아예 사위를 아들이라고 부르는 장모님. 이런 장모님이 또 있을까? "아들 얼굴이 말이 아니네, 간에는 돌미나리가 좋다던데." 그래서 장모님이 사위 먹이려고 봄 내내 들판에 나가 돌미나리(야생미나리)를 캐셨다는 것이다. 참으로 아름다운 사람들, 건너다보기만 해도 눈물 나는 세상이다.

처음엔 그저 그런 초등학교 선생님의 푸념 같은 글들을 모은 책인 줄 알았다가 내가 단단히 잡히고 말았다. 기가(약코가) 팍 줄고 말았다. 참 아름다운 나라, 아름다운, 사람다운 사람들이 살고 있는 책이다. 한 권의 책이지만 그대로가 묵직한 한 권의 자서전이다. 무릇 책 가운데서도 좋은 책은 자서전이다. 그래야 한다. 시이든 수필이든 소설이든 그렇다.

그렇다면 이 책의 글들이 나를 붙잡고 놓아주지 않는 구체적 이유는 어디에 있는가? 첫째는 문장의 염결성이다. 깔끔하고 군더더기가 없다. 참신성도 있다. 미학적 깊이도 당연히 거기에 따른다. 참으로 이것은 쉽지 않은 일이다. 그 다음으로 내용의 순수성이다. 어떤 것 한 가지도 솔직하고 담백하지 않은 것이 없다. 있는 그대로다. 우리는 있는 그대로를 사랑한다. 그러면서 그것이 아름답고 진실하기를 바란다. 이것이 바로 진정성이다.

꾸밈없고 가득하고 아름답기까지 한 이 세계. 참으로 인간이 살아 있는 이 세상. 살아 볼만 하지 않는가. 이렇게만 산다면 어떠한 삶도 후회스럽지 않을 것 같다.

나는 최근 글다운 글을 만나지 못해 배가 고팠다. 그러나 이 한 권의 책으로 그만 배가 불렀다. 내 이러다가는 밤을 새우고 말지. 이만 써야겠다. 미처 쓰지 못한 그 뒷부분의 내용들은 독자들이 알아서 읽어보면 알 일이다. 내 말이 거짓말인지 아닌지 검증해 볼 겸 말이다.

배고픈 인생 배고프지 않게 산 사람. 초라한 초등학교 선생 초라하지 않게 한 사람. 억울한 인생 억울하지 않게 산 사람. 이 사람을 만나고 싶다. 이 사람의 집과 이 사람이 기르는 꽃들과 이 사람과 함께 사는 사람들과 이 사람 주위에 맴도는 바람을 만나고 싶다. 그러나 가장 좋은 만남은 책으로 글로서 만나는 일이다.

나는 이 사람의 책이 나오면 그 책을 우선 다시 한 번 조심스럽게 처음부터 끝까지 읽어볼 것이다. 그런 뒤, 책의 겉장을 헌 달력으로 쌀 것이다. 그리고는 내 책장의 가장 좋은 곳에 꽂아둘 것이다. 그것은 그 책을 내가 끝까지 다 읽었다는 표시이고, 앞으로 생각나면 언제라도 다시 꺼내어 읽겠다는 마음의 다짐이기도 하다.

김용우

1966년 충북 제천에서 태어나 경기도 용인에서 성장하고 경인교육대학교와 동대학원을 졸업했다. 1990년 안산 관산초등학교 근무를 시작으로 성남 대일초, 양평 강하초, 양수초, 정배분교, 서종초를 거쳐 지금은 성남 태평초등학교에서 아이들을 가르치고 있다.
양수리 전원주택에서 텃밭을 가꾸고 조각 작품을 만들며 바람소리 물소리 막걸리를 벗삼아 수필을 쓴다. 한때 아이들이 보는 앞에서 살아있는 청개구리를 삼켜 엽기적인 선생님으로 불리었던, 아이들을 위해서라면 자신의 몸을 스스럼없이 던지는 그는, 이 시대의 진정한 스승임에 틀림없다. 또한 세월호 실종학생 엄마가 "배고프지? 엄마랑 밥먹자!"라는 평범한 일상적인 말을 식탁에서 다시 할 수 있도록 기적을 달라고 기도하는 그의 행간마다 눈물어린 인간애가 물씬 풍긴다. 2003년『문예한국』으로 등단했으며 제6회 '공무원 문예대전' 수필부문에서 행정자치부장관상, '사랑과 믿음의 교육 실천수기 공모전'에서 교육인적자원부장관상을 받았다.
'북한강 물빛 닮은 아이들'이란 블로그를 운영하는데 방문객 백만 명을 넘긴 인기블로그이다.

이메일 : greensos@hanmail.net
블로그 : http://greensos.egloos.com

김용우 수필집

청개구리 선생님

발　행 2015년 6월 18일
지은이 김용우
그　림 나태주
펴낸이 반송림
편집디자인 김지호
펴낸곳 도서출판 지혜
계간시전문지 애지
기획위원 반경환 이형권 황정산
주　소 300-812 대전광역시 동구 선화로 203-1 2층 도서출판 지혜 (삼성동)
전　화 042-625-1140
팩　스 042-627-1140

전자우편 ejisarang@hanmail.net
애지카페 cafe.daum.net/ejiliterature

ISBN : 979-11-5728-030-8 03810
값 13,000원

이 책의 판권은 지은이와 도서출판 지혜에 있습니다.
양측의 서면 동의 없는 무단 전제 및 복제를 금합니다.